最新版
小さな運送・物流会社のための
荷主から信頼される!
「プロドライバー」の教科書

一般社団法人プロドラ育成サポート
代表理事
酒井 誠

同文舘出版

はじめに

　私は学校を卒業してから運送業界一筋で働いてきました。8年間のドライバー経験も合わせると、40年近くになります。現在は、「小さな一流企業を目指して、社会に貢献できる人づくり、会社づくり」を社是とし、150名を率いる運送サービスグループの代表取締役を務めています。

　昨今、物流の2024年問題が大きな波紋となって、労働時間の規制やそれにまつわる法改正があり、ドライバーの高齢化問題なども重なって、運送業界の人手不足が常態化しています。長い時間働いて、無理を強いられて、安全を犠牲にまでして身を粉にして働く時代ではなくなってきています。単純に「稼げる仕事」ではなくなっているのです。

　また、ドライバーに志願する人の気質も徐々に変化が見られるようになりました。以前は車好き、運転好きな人がドライバー職を生業としていました。「トラック野郎」という言葉もありました。今でも、ドライバー職に応募してくる人は同様に「運転が好き」と言いますが、本音は「人となるべく関わらなくていい仕事がしたい」「一人が好き」「プライベートな時間を最優先したい」という人が多いと強く感じます。

　そのような変化から運送業界で起きている現象が、車両への無関心、安全意識の欠如、運転技能へのこだわりのなさ、荷主とのコミュニケーション不足、マナーやモラルの欠如などです。

　具体的には、エンジンの不具合が発生してもトラックキャビンの上げ方を知らない、方向指示器を出さずに進路変更をする、道路交通法に 則（のっと）った右左折ができない、荷主への必要な「報連相」ができない、公道でゴミのポイ捨てをするといった光景が目につくようになりました。放置してお

けば、トラックドライバーの評価や評判は落ち、厄介者扱いされるように
なってしまいます。プロドライバーの自覚がとても大切な時代に入ったと
言えるのかもしれません。

　プロドライバーとは、単に運転技術が高いドライバーのことではありま
せん。道路交通法や車両整備などの基礎知識、荷扱いの技術も含めた「**ス
キル**」、絶対に事故やミスを起こさない、決められたルールは必ず守ると
いった「**マインド**」、公道を職場として提供されているという謙虚な姿
勢、環境にも優しい思いやりのある運転、挨拶や節度ある接客ができる
「**マナー＆モラル**」、この３つをバランスよく兼ね備えたドライバーこそ
が、真のプロドライバーです。

「トラックで運ぶ」という職業は、これからもなくならない職業のひとつ
でしょう。しかしながら、次世代が「なりたい」と思える魅力的な職業で
なければ、人手不足は解決することはありません。

　本書は、次世代のプロドライバーを育てる教育担当者やドライバーの
リーダーにも活用していただけるように構成しました。これまで横乗り
（添乗）指導をするうえで変わらない課題、なかなか解決されない課題が
あります。それは、**教える人によって言うこと（教える内容）が統一され
ていない**ということです。教わる側は何が正しいかわからなくなります。
それが、ドライバーの「我流」を蔓延させてしまう真因ではないかと考え
ています。

　私の会社もそうでした。私が家業を親戚から引き継いだ32年前、正しい
ことも誤ったことも声の大きな教え好きのドライバーが指導していまし
た。誤ったことの最たるものが「手の抜き方」を教えていたことです。川
の水が低い方向に自然と流れていくように、会社の品質はみるみる落ちて
いきました。事故が連鎖し、離職者が増え、荷主を失い、挙げ句の果てに

は商売道具のトラックまで粗末に扱われていました。

　これではいけないと着目したのが、「トラックドライバー・コンテスト（以下、ドラコン）」でした。正しい知識を学科で学び、車両の点検知識や技能も身につき、運転技能の修練にもつながる打ってつけの教育ツールだと判断したからです。成果は点数で表されるので優劣も判断しやすいと、1998年から取り組み始めました。

　当時の我が社は荒くれ者の集まりで、大会にエントリーさせるだけでもひと苦労。私が拝み倒して出場してもらっていました。出場のたびにノウハウは積み上がり、成績も上がっていきましたが、愛知県大会の入賞基準の３位がどうしても越えられない壁として立ちはだかっていました。今では14年間連続で全国大会に出られていますが、その壁を打ち破ったのは賞金でもなく、名声でもなく、愛社精神でもなく、自分の職業に対するプロとしての覚悟だと思っています。

　ドラコンを極めた者はドライバー職を辞めません。人に教える基準も明確になり、技能を伝承するコミュニケーション能力も身につきます。本書には、我が社が25年以上取り組んで得てきたプロドライバーになるためのノウハウを盛り込みました。

　我々運送事業者は99％が中小零細企業の集まりです。専任の教育担当者はなかなか置けず、社長や管理職、先輩ドライバーが入れ替わり立ち替わり横乗り指導をして、教え方が統一されないのも無理はありません。しかし、本書をきっかけに、社内ルールや教え方を統一し、プロドライバーを育てるためのツールとしてご活用いただければ幸いです。

一般社団法人プロドラ育成サポート 代表理事 酒井 誠

『最新版　小さな運送・物流会社のための
荷主から信頼される！「プロドライバー」の教科書』目次

はじめに

1章 プロドライバーの条件

1 プロドライバー＝スキル＋マインド＋マナー・モラル ················· 12

2 運転がうまいだけではプロとは呼べない ························· 14

3 絶対に事故を起こさない自信を持つ ·························· 16

4 トラックを大事にする ································· 18

5 無理をしない勇気を持つ ································· 20

6 公道を走っているという自覚を持つ ·························· 22

COLUMN 誰も見ていないところでもプロでいられますか？ ············· 24

2章 プロドライバーの安全運転スキル（準備編）

1 運行業務の流れ ······································ 26

2 トラックに乗車する前の点検 ······························ 28

3 運転席のポジション ··································· 30

4 ハンドルの握り方 ···································· 32

5 シートベルト ······································· 34

6 エンジンをかける前の点検（計器類） ························ 36

7	エンジンをかける前の点検（ブレーキ）	38
8	エンジンをかける前の点検（ミラーの調整）	40
9	法定運行前点検	42
10	事前の作業構想	44
11	荷台への昇り降り	46
12	トラックの停め方	48
13	輪止め	50
14	荷崩れを防ぐ荷締め	52
15	積込み	54
16	過積載	56
17	荷下ろし	58
18	運行ルート選択の必要性	60
COLUMN	安全走行の鉄則を決めよう	62

3章 プロドライバーの安全運転スキル（走行編）

1	安全確認	64
2	死角	66
3	方向指示と進路変更	68
4	正しい左折①	70
5	正しい左折②	72
6	正しい右折①	74
7	正しい右折②	76

8	道路の中央走行	78
9	空車時と満載時の走行の違い	80
10	完璧なシフトチェンジ	82
11	「急」がつく行為の避け方	84
12	バック走行スキル	86
13	バック走行の避け方	88
14	高速道路の走行	90
15	仮眠時の注意点	92
16	事故の種類	94
17	車両別・運転操作のポイント	96
COLUMN	荷主に信頼されるドライバーとは	98

4章 プロドライバーの車両扱い

1	不良箇所を見抜くスキル	100
2	タイヤ	102
3	タイヤローテーション	104
4	ホイールボルト、ホイールナット	106
5	ディーゼルエンジン	108
6	バッテリー	110
7	スペアタイヤのチェック	112
8	洗車	114
9	荷台のメンテナンス	116
10	接触・自損事故	118
COLUMN	エコな燃料補給のコツ	120

5章 プロドライバーの社内ルール

1 点呼 122

2 伝票類の取り扱い 124

3 安全靴の正しい履き方 126

4 休憩時間の過ごし方 128

5 携帯を触って良いとき、悪いとき 130

6 同僚とうまく連携を取るコツ 132

7 終業時にやるべきこと 134

COLUMN 職場仲間や家族へ安心を贈る 136

6章 プロドライバーの営業力

1 セールスドライバーとは 138

2 営業力のあるドライバーは名前で呼ばれる ... 140

3 好感度のある身だしなみ 142

4 荷主への好印象の残し方 144

5 ドライバーの営業トーク 146

6 荷主から求められる気配り力 148

COLUMN 女性ドライバーの活躍 150

7章 プロドライバーのトラブル対策

1　運行中に体調を崩したとき ……………………………………… 152

2　運行中にカッとなったとき …………………………………… 154

3　天候不良のとき①　安全面 …………………………………… 156

4　天候不良のとき②　営業面 …………………………………… 158

5　クレームやミスが発生したとき ……………………………… 160

6　事故を起こしたとき① …………………………………………… 162

7　事故を起こしたとき② …………………………………………… 164

8　事故を報告するとき ……………………………………………… 166

9　高速道路走行時のトラブル …………………………………… 168

10　接触してミラーが壊れたとき ………………………………… 170

11　テレコ配達をしてしまったとき ……………………………… 172

COLUMN　待ち時間が長く、納期に間に合わなそうなとき ……… 174

8章 プロドライバーの2024年問題対応力

1　ルールを守るマインド強化 …………………………………… 176

2　作業の標準化スキル ……………………………………………… 178

3　労働時間短縮のためのスキルアップ ………………………… 180

4　他社ドライバーとの連携スキル ……………………………… 182

5　荷主からの要求の引き受け方・断り方 ……………………… 184

COLUMN　30年間上がらない運賃 ……………………………………… 186

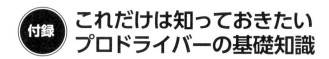

おわりに

装幀　齋藤 稔(G-RAM)
本文イラスト　久保久男
本文DTP　朝日メディアインターナショナル
　　　　萩原印刷

プロドライバーの条件

プロドライバー＝
スキル＋マインド＋マナー・モラル

プロに必要な3つの条件

「プロドライバー」とは、どんなドライバーのことを言うのでしょうか？プロ野球で言えば、球団の支配下選手になれば、新人でも二軍選手でも「プロ野球選手」と呼ばれます。確かに、プロ野球選手になれる人はほんの一握りですごいことですが、私は、プロ野球選手と呼べるのは「お金を払ってでも見たいプレー」ができる選手だと思うのです。

トラックを運転するドライバーも同じです。**皆が、プロドライバーというわけではありません。**スキルだけあっても、マインドやマナー・モラルが欠けたドライバーは、プロドライバーとしては失格です。

マインドがあっても、必要なスキルが備わっていないと事故は起きてしまいます。たとえば、S字走行のスキルがない人がクランクに入れば、接触または脱輪させる確率は高いでしょう。いくら「絶対にやってみせる」と意気込んだところで、できないものはできないのです。

それでも一昔前までは、事故さえ起こさなければいいとされる時代はありました。しかし、昨今は宅配便サービスの台頭などにより、マナーとモラルが、荷主からだけではなく世の中全体から強く求められるようになりました。公道上で、一般ドライバーに暴言を吐いたり、嫌がらせをするようなモラルの低いドライバーの居場所がなくなってきているのです。

スキル＋マインド＋マナー・モラル、それが本書の目指す「プロドライバーの条件」です。

プロドライバーの条件

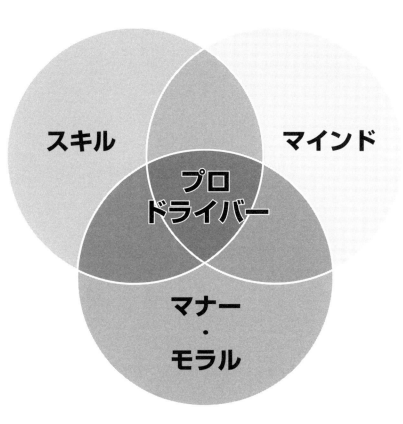

> 🚚 POINT!

プロドライバーに必要なのは
①荷物を運ぶための「スキル」
②絶対に事故・クレームを発生させないという「マインド」
③ルールを守り、円滑に仕事をするための「マナー・モラル」

運転がうまいだけでは プロとは呼べない

3つのスキルを合わせ持つのが真のプロ

　プロドライバーと言うと、F1ドライバーのように運転がうまいというイメージがあるかもしれません。しかし、プロドライバーのスキルは、運転の技術だけではありません。プロドライバーは、以下の3つのスキルをバランスよく備えることが必須です。

①運転スキル

　運転スキルとは、単に「運転がうまい」ということだけではなく、道路標識やトラックの構造などの基礎知識をよく理解していること、運行前点検ができることが必要です。

②荷扱いスキル

　荷扱いスキルは、「荷主の要求通り」に荷を扱うスキルです。とりあえず荷物事故を起こさなければいい、ということではありません。

　荷主によっては、「とにかく早く！」と作業スピードを要求されることもありますし、何よりも「丁寧さ」を求められることもあります。要は、時と場合に応じた荷扱いができるのがプロである、ということです。

③営業力

　営業力は、セールスドライバーとして自社の強みを上手にPRし、荷主の信頼を得るために必要なスキルです。

　これらプロドライバーのスキルについては、2章以降で詳しく解説していきます。

荷主から信頼されるドライバーの3つのスキル

運転スキル

荷扱いスキル

営業力

🚚 POINT!

◆ 運転スキル……技術だけではなく関連法規知識も必須
◆ 荷扱いスキル……荷主によって要求が異なる
◆ 営業力……セールスドライバーとしてお客様の信頼を獲得する

1章 プロドライバーの条件

絶対に事故を起こさない自信を持つ

マインドが変われば、すべてが変わる

　前項でも述べたように、運転の腕がいいだけではプロドライバーとは言えません。ただ依頼先にモノが届けばよいというわけではないのです。「安全に」「正確に」「ムダなく」そして「気持ち良く」輸送しなくてはなりません。
　「事故さえ起こさなければ、クレームさえ出なければ、荷主や客先が満足してくれれば問題ないじゃないか」とも思われたかもしれませんが、事故やクレームがないだけでは十分ではありません。
　我が社のあるドライバーは、「絶対に事故をしない」「荷主や、無事帰社を待つ会社の仲間や上司に迷惑をかけない」「帰宅を待つ家族に悲しい思いをさせるわけにはいかない」といったマインドを持ってから、絶対に事故を起こさない自信が芽生えたといいます。
　その前は、小さなミスや、一つ間違えば大事故につながるような「ヒヤリ・ハット（重大な事故に直結しそうな事象やミスの発見）」とすることも多かったそうですが、そのような危うい兆候さえもすっかりなくなったとのことです。
　マインドは、プロドライバーには絶対になくてはならない要素です。マインドが身につくと、ハンドル操作、アクセル・ブレーキワーク、他車への配慮、歩行者への思いやりの心が芽生え、荷物の扱い方も丁寧になるなど、すべてが変わってきます。

マインドが変われば運転も変わる

🚚 POINT!

「運んでやっている」という思い上がりは、今すぐやめよう!

1章 プロドライバーの条件

4 トラックを大事にする

事故防止・コスト削減につながる商売道具の扱い方

　職人は道具を大事にすると言いますが、毎日乗車するトラックを大事に扱っているでしょうか？　トラックは荷主の大切な商品だけではなく、あなたの大切な命も乗せています。トラックを大事に扱わないと、会社やお客様の不利益になるだけではなく、事故やケガの原因となりドライバー自身にも問題がふりかかってきます。

　トラックを大事にしないドライバーは大きな事故を起こす傾向があります。それは、自分の実力を過信し、腕前以上の危険な運転や行為をするからです。ギリギリで狭い通路をすり抜けようとしたり、安全確認も十分でなく、大きい事故を常に想定するようなことはありません。そのような運転をするドライバーは、トラックのところどころに傷や凹み、接触跡を平気でつけますし、洗車も丹念にしないため気にならないようです。しかし、こうした習慣が大事故につながるのです。

　アクセルをそっと踏む、加速・減速が少ないなど、トラックを大事にした優しい運転操作は、エコ運転にもつながります。また、トラックの点検や洗車をこまめにすることで、大がかりな修理に至る前に不具合を発見することができます。

　多くのトラックには、自社名が入っていることでしょう。これは、会社の看板を背負って走っているということです。トラックは広告塔と同じだという意識を持ちましょう。

商売道具のトラックを大事にする

① 優しい運転操作や修理代のかからない車両取り扱い

② オイル交換やグリスアップ（※）、タイヤ交換、バッテリー液の補充などのメンテナンスを怠らない

③ 日常点検（運行前点検など）を実施し、不具合箇所の早期発見、早めの修理に努める

④ まめに洗車をし、汚れが招くボデーの劣化を防ぐ。安全確保のための灯火類、フロントガラス、ミラー類を拭いておく

⑤ 転倒・転落事故や荷物の汚損防止のための荷台のそうじを欠かさない

※グリスアップ＝機械等の激しい動きをする部分にグリースを塗ること

1章 プロドライバーの条件

無理をしない勇気を持つ

慣れが一番こわいこと

　プロのマインドはすぐに身につくものではありません。場数を踏み、慣れが出始めたころに「まさか」の事故やミスが起こりがちです。

　どんな仕事でも3カ月、半年、1年を節目に力がついたという自覚から、自信がつきはじめます。それ自体はいいことではあるのですが、スキルがついてくるとつい過信をしてしまい、無理な作業を進めてしまいがちです。

　例えば、フォークリフトの作業は、初めは資格取得時に習ったように、連続動作（フォークの上げ下げ、旋回、前進後進を組み合わせてしまう作業）をしないものです。ところが、慣れにより連続動作をして、荷崩れや転倒を起こすケースがあります。

　荷物は、安定した積み方がしてあるとは限りません。見た目では左右対称でも、バランスの悪い場合が意外と多いのです。

　連続動作をすることによって、いくら作業スピードを上げることができても、事故を起こしてしまっては意味がありません。一度の事故であなたの信頼や、会社そのものの信用を失うことにもなりかねません。

　いくら「慣れ」を実感しても、無理をしないことが大事です。事故をしないドライバーに共通しているのは、「危ないと感じることはしない」という姿勢です。

危なげない作業が信頼感を生む

✕ 慣れで作業が雑になる

◯ 危ないと感じることは避ける

> 🚚 **POINT!**
>
> 「危ない！」と感じる自分の感覚を大切にして、無理をしない勇気を持とう

1章 プロドライバーの条件

公道を走っているという自覚を持つ

ドライバーが最低限身につけておくべきマナーとモラル

　ドライバーが公道（皆が平等に使う権利を持った公の財産）を使って仕事をする上で、マナーとモラルのある運転は最低限の条件です。

　あまり考えたことがないかもしれませんが、ドライバーは、社会的にとても重要な仕事です。流通がストップしてしまうと、経済活動はマヒしてしまいます。衣食住だけでなく、医療も止まってしまいます。我われの生活全般を支えているのです。

　ドライバー１人１人が高い意識を持って質の高い仕事をすることは、従来抱かれている悪印象を払拭し、ドライバー職全体の地位向上にもつながっていくはずです。

　一昔前は、運転がうまくて、事故さえしなければ「プロ」と自称できました。しかし、今日では、乗用車をあおったり、突然割り込みをするようなトラックがあれば、トラックに示された会社名を手がかりにネットで調べられ、すぐにクレームの電話が入ります。

　公道でも、常識のある、礼儀を重んじた行動をしましょう。歩行者を守る気持ちを持てば、当然スピードを出すなど無理な運転はしないはずです。的確な方向指示や早めの灯火など、自車の動きをあらかじめ伝えることも忘れません。

　マナーとモラルのあるドライバーは、**心に余裕を持ってハンドルを握るドライバー**とも言えるでしょう。

マナー・モラルのないドライバー例

割り込み

車両の大きさは威圧感となり、マナーの悪いトラックドライバーの運転態度は乗用車などの小さな車両にとっては「脅威」でしかなくなる

あおり

大きなトラックに車間距離を詰められると、「追突されたらどうしよう…」との恐怖により運転に集中できなくなる。かえって前の車に急ブレーキをかけられる可能性も高い

🚚 POINT!

マナー・モラルは、自己中心的ではなく、周囲を気づかった運転をしようとする心

1章 プロドライバーの条件

COLUMN

誰も見ていないところでも
プロでいられますか？

　見た目の好印象に反して事故が多いドライバーがいます。作業も手際よく、キビキビした動き、気持ちの良い挨拶、さわやかな笑顔。気がきくし、荷主からの評判も上々で、運転も下手ではない——。

　そこで、彼の日頃の動きを観察したり、荷主、客先での評判を聞き取ってみると、どうやら、人が見ているところと見ていないところでは態度が違うようなのです。

　私は予告せずに、そのドライバーが運転するトラックを追走したところ、目を疑いたくなるような運転態度だったのです。大通りでは、とりあえずウインカーは出すものの、通りの少ない小さな交差点ではウインカーすら出さない。急に速度が落ち、ブレーキランプが頻繁に点灯する動きを不審に思い並走すると、なんと携帯でメールをしながら走行していたのです。

　普段の態度からは想像できないような運転でした。私は帰営後、そのドライバーに時間と場所、逸脱行為について具体的に問い詰めたところ、素直に認めてくれました。

　業務中、誰も見ていないところでもプロドライバーとしていられるかどうか、それが普通のドライバーとの境界線であるように思います。

2章

プロドライバーの安全運転スキル（準備編）

運行業務の流れ
運行にはさまざまなパターンがある

　運行には大きく分けて、「**貸切便**」「**積め合わせ便**」「**特積み**」の3種類あります。バスに例えると、行き先があらかじめ決まっていて、特定の乗客を貸切で運行する観光バスが貸切便、停留所で乗客の乗降を繰り返しながら運行する路線バスが積め合わせ便です。

　常用便は、荷主と事前の申し合わせのもと、荷主が半日から月単位の範囲で車両を貸し切る定期の運行です。あらかじめ車両の大きさと稼働時間帯、基本となる走行距離を定め、運賃を取り決めます。その範囲であれば、どこに行っても、何度積下ろしを繰り返しても割増運賃はかかりません。

　スポット便は、基本的には1カ所で積み込み、指定の届け（1〜3カ所程度）先までの輸送をする不定期・単発の運行です。スポット便は発注のタイミングもさまざまです。「今から運行できる車両はありますか？」という特急扱いのものもあれば、前もって発注されるものもあります。中には、トラックが荷下ろしを終え、空車になったことをインターネット上で情報を流し、「**帰り荷**」として発注を受けることもあります。

　積め合わせ便は、宅配便や企業間で荷物を積み込んだり、下ろしたりを繰り返しながら、多くの拠点を結ぶ運行です。

　以上のように多くのパターンの運行がありますが、いずれの場合も、ドライバーは最長で144時間（6日間）以内に出庫した場所へ戻らなくてはならないことが定められています（国土交通省告示）。

運行の種類とその特徴

	種別	受注の特徴	荷主から多い要望	その他
貸切便	常用便	書面による契約または簡易契約	良質なドライバーの固定	覚えることが多いが安定的
	スポット便	前もって予約受付	正確、確実に	あらゆる荷物の取り扱い能力
		突発的な輸送依頼	納期重視（急ぎが多い）	不定期な出勤形態になりがち
積め合わせ便	宅配便	取次店など	翌日配達、時間指定など	クール対応や代金引換便などサービス充実
		書面による契約または簡易契約	大量輸送コストダウン要望	通信販売にはなくてはならない
	路線便など	定期の集荷	いつものドライバー（慣れ）	セールスドライバーが荷物獲得の営業も行なう
		電話などで都度受付	集荷時間指定	集配途中で集荷の指示が入る
特積み	専用便	セメントや化学薬品、車載車など積める荷物が限定	専門知識（積み方、緊急対処法など）を備える	汎用性が低い車両が多いので、輸送効率は悪い

2章

プロドライバーの安全運転スキル（準備編）

2 トラックに乗車する前の点検

乗車前には必ず一周して確認しよう

　トラックは走行中に限らず、死角が多いのが特徴です。乗車する前は、トラックの周囲を一周回って、
①何か事故につながるものはないか
②子どもが遊んでいないか
③ウイングサイドパネル（ウイング）、リヤドアなどは閉じてあるか
④アオリ、キャッチは解放したままではないか
⑤発進時に障害になるようなものは落ちていないか（置かれていないか）
⑥輪止めを外し忘れていないか
　以上のことを点検する必要があります。
　その際に注意したいのが、車両の下部ものぞき込んで点検をすること、そして少し離れた位置からもトラック全体を見渡すことです。
　実際に、ウイングを開放したまま発車し器物を破損させてしまったり、積載してある荷物を走行中に落下させたり、トラックの間近に仮置された製品に気づかず発車をしてしまい、接触して破損させてしまうような事故も多く発生しています。
　特にウイングやリヤドアを破損させてしまうとトラックが自走できなくなり、荷物の延着や遅延を引き起こし、客先の生産がストップしかねません。多額の賠償金が発生するおそれもありますので、細心の注意を払いたいものです。

トラックの乗車前チェック

- □ 輪止めは外し忘れていないか？
- □ 何か事故につながるものはないか？
- □ 子どもが遊んでいないか？

- □ ウイングが開いたままになっていないか？
- □ リヤドアが開いていないか？

POINT!

「そんなこと、あるはずがない」という決めつけが大事故を引き起こす

2章 プロドライバーの安全運転スキル（準備編）

運転席のポジション
ここぞというときに集中力を発揮するために

　運転スキルとして、まず基本となるのは「正しい運転姿勢」です。運転姿勢が正しいと、次の2つの効果が得られます。
・**上半身を固定させることで、安全確認が容易となる（安全面）**
・**長時間の運転をしても身体にかかる負担が少なくなる（身体面）**
　正しい運転姿勢の取り方は、以下の通りです。
①運転席に乗り込む際は、右手で乗降グリップをしっかりつかみ、左手は乗降グリップまたはシートをつかんで乗車することで、思わぬ落下事故を防ぐことができます。
②シートの高さは、両足を床面にしっかりとつけ、深く座った状態でヒザの裏とシートに1～2cmくらいの隙間ができる状態にします。前後の位置はブレーキペダルやクラッチペダルをやや余裕を持って（足を伸ばしきる手前）踏み込めるところ、かつハンドルを握って、ややヒジが曲げられる位置に合わせます。
　また、背もたれを寝かせすぎると、安全確認、特に前方の確認がしづらくなるはずです。腰痛にもなりやすくなるので、背もたれは一度直角に起こした後、角度を少し倒します。直角より10～15度傾けるようにしましょう。正しい運転姿勢をつくるベースとなる大切なポジションです。

正しい運転席のポジション

①シートの高さ
シートとヒザの裏の間に手を入れて確認

②シートの前後
ハンドルに腹が当たらないように

③背もたれ
倒しすぎると踏ん張れない

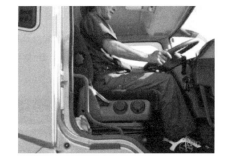

③ハンドルの角度

トラックのハンドルの角度は、普通自動車よりも水平に近い

ハンドルの握り方

脇をしめるとふらつきや体の負担も減る

　乗用車の数倍大きくて重い車体を自在に操作する上で、ハンドルの握り方はとても重要です。仮に片手で運転した場合、乗用車であればかわせる場面でも、トラックでは片手では支えきれず、路面の凹凸、異物に乗り上げなどして大きく体制を崩し、大事故に発展する恐れがあります。

　乗用車とトラックとではハンドルの位置が大きく異なります。乗用車は垂直、トラックは水平に近くなります。それぞれで脇がしまりやすい体勢を試してみると、ハンドルの握る位置が違うことに気がつくでしょう。

　時計に例えると、乗用車は10時10分の位置、トラックは8時20分の位置でハンドルを握ると脇がしまると思います。この脇がしまった状態が、ハンドルがブレない状態です。

　脇をしめずに運転すると、ふらつきにもつながります。ふらつきやすいのが、道路の凹凸でハンドルを取られたときです。ここでしっかりと脇がしまっていると、安全な運行ができます。

　ハンドルを強く握ることで、ふらつきをなくそうとするドライバーがいますが、無駄な力が入ることで疲労感が増したり、肩こりや頸椎への負担につながります。**脇をしめるクセがつくと、体にも優しい運転姿勢が取れる**のです。

正しいハンドルの握り方

①手をまっすぐ伸ばし、ハンドルの12時の位置を持つ

ハンドルが腹に当たらず、ハンドルを回す際に背もたれから肩甲骨が離れない状態をつくることで、上半身が固定される

②脇がしまった状態で8時20分の箇所を持つ

脇がしまっているので、ブレない

🚚 POINT!

正しいハンドルの握り方ができると、
①ふらつきがなくなる
②疲労しにくい
③安全確認することに集中できる

2章 プロドライバーの安全運転スキル（準備編）

5 シートベルト

正しく装着しないと、命の危険も

　シートベルトはドライバーの命を守る上で重要な装備です。運転席の位置は最高で地上高3m近い高さになりますので、正に命綱です。

　しかし、シートベルトは単に装着すればいいというものではありません。具体的には、骨盤に巻くよう正しく装着しなくてはなりません。**腹部にベルトをかけていると、事故時の衝撃で場合によっては内臓などが損傷または破裂してしまうこともあります。**

　エアバックはシートベルトを装着していないと効果がありません（かえって危ない場合もあります）。クリップなどでベルトを固定するのも、いざというとき、巻き取りされず危険です。

　正しいシートベルトの装着は、プロドライバーの自覚を芽生えさせる動作でもあります。皆さんは、いつ「集中モード」に入りますか？　エンジンキーを回した瞬間、それともサイドブレーキを解除した瞬間ですか？「集中モード」に入るべきなのは、シートベルトを装着した時点です。

　シートベルトの装着時は、手探りではめるのではなく、確実に金具がはめ込まれたかを目視と音の両方で確認します。

　シートベルトを取り外すときは、巻き取りのところまで手を添え、完全に巻き取りができたかを目で確認します。これは、手を離し、勢いよく巻き戻った金具がサイドのウインドガラスにぶつかり、破損することを防ぐためでもあります。

収納するときはゆっくり、目で追って

バックルが窓ガラスにぶつかり、破損する危険性も！

2章 プロドライバーの安全運転スキル（準備編）

🚚 POINT!

シートベルトなしで走行することは、帯をせずに柔道するのと同じこと。しっかり装着するのはもちろん、収納するときもしっかり確認

エンジンをかける前の点検(計器類)

運転席で一目で異常をチェックできるか

　アイドリングストップ実施のため、キーはON（ACC）で止め、エンジンを始動させずに計器類の点検を行ないます。その際は、ラジオやＣＤプレーヤーのスイッチを必ず切りましょう。バッテリー上がりを防止します。

①燃料計

　Ｆ位置であれば、満量です。Ｅ位置に近ければ、燃料を補給します。

　燃料切れを起こしたときは、燃料系統のエア抜きが必要となります。燃料系統中にエアが入っていると、燃料を補充しただけではエンジンを始動することはできません。エア抜きは作業スペースが狭い場合がほとんどです。周囲の部品のエッジ等でケガをしないように気をつけましょう。

②空気圧力計

　レッドゾーンに針がある場合は、絶対に走行しないこと。ブレーキが十分効かなくなる、サイドブレーキがかけられなくなる、ハンドルが重くなるという現象も起き、とても危険です。

③尿素水レベルインジケーター

　Ｅ位置であれば、補給しないとエンジンの再始動ができなくなります。

④水温計

　レッドゾーンを示したときはエンジンがオーバーヒートしています。

　これらの点検は平坦な場所で行ないましょう。トラックが傾斜していると正確な点検はできませんので、注意が必要です。

エンジンをかける前のポイント

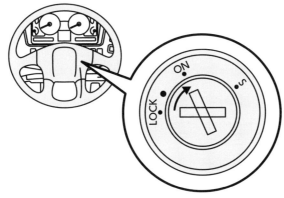

必ずブレーキを踏み、左手をハンドルに
そえてキーをON（ACC）にする

メーターの配置

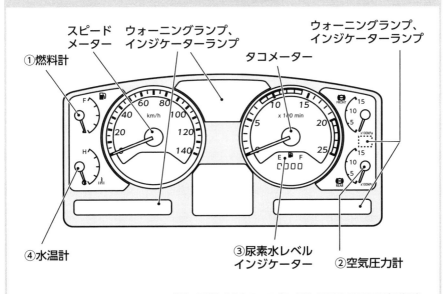

参照：三菱ふそうトラックバス（株）SUPER GREAT 取扱説明書
※車種によって異なります

2章 プロドライバーの安全運転スキル（準備編）

7 エンジンをかける前の点検(ブレーキ)

3つのブレーキを見落とさずチェック

　以下、3つのブレーキの確認は、毎日の点検時の必須事項となります。

①フットブレーキ

　ブレーキの確認を怠ると、重大事故につながります。エンジンを始動する前に行なう中で最も重要な点検となります。

　まず、運転席の足元付近に空き缶などが挟まっていないかを、乗車直前に目視で確かめます。ブレーキペダルに空き缶などが挟まると、ブレーキ操作ができなくなり重大な事故につながるおそれがあります。

　また、ブレーキペダルの下にフロアーマットや泥、ゴミなどがかみ込むとブレーキの引きずりを起こし、ブレーキが損傷するおそれもあります。

　次にブレーキを踏み込み、2～3回程度ブレーキの踏み具合を確認します。「プシュー」とエアが抜ける音を耳で確認します。あまり何度も踏み込むとエアタンクのエア残量がなくなりますので、注意してください。

②補助ブレーキ

　補助ブレーキのスイッチをオンにし、インジケーターランプが点灯するかを確認します。

③駐車ブレーキ

　駐車ブレーキのノブを確認し、フットブレーキを踏み込んだ状態で一度解除してみましょう。駐車ブレーキを解除しないまま発車するような事故を防ぎます。インジケーターランプが切れることも合わせて確認します。

ブレーキのチェックリスト

☐ 運転席の足元に空缶などがないか確認

☐ フットブレーキを踏み、駐車ブレーキの解除をし、作動を確認

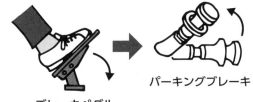

ブレーキペダル　　パーキングブレーキ

☐ インジケーターランプで作動確認

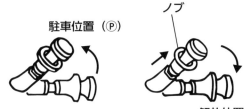

駐車位置（P）　　ノブ　　解放位置

Pのランプ点灯を確認後、フットブレーキから足を離す

エンジンをかける前の点検(ミラーの調整)

ミラーの角度にこだわるドライバーは運転も上手

　トラックには、サイドミラー、サイドアンダーミラー、アンダーミラー、ルームミラーの4種類のミラーがあります。

①サイドミラー

・左右方向：車体との距離感を知るために、外に向けすぎないこと。

・上下方向：運転席側は右ドア窓の後部下側角が鏡の約1/2、助手席側は左ドア窓の後部下側角が鏡の約2/3の高さが映るようにします。

②サイドアンダーミラー

・左右方向：車体前面が鏡の約1/4に映るようにします。

・上下方向：バンパーの左側コーナー部が鏡の約1/2の高さに映るようにし、運転席から距離感のつかみにくい左下部をカバーします。

③アンダーミラー

・バンパーの左側のコーナー部が鏡の約2/5に映るようにします。

・上下方向：運転席から最も見えづらい箇所をカバーします。

④ルームミラー

　後方が確認できる角度に調整します。箱車やウイング車の場合は後ろが見えないため、調整の必要はありません。

　また、ミラーの調整とともに大事なのが、ミラーの汚れを拭き取り、常に映りを良くしておくことです。

ミラーの調整

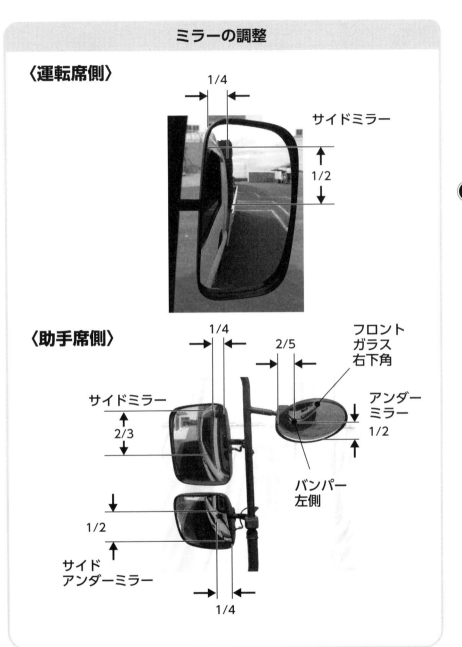

法定運行前点検

いち早く異常を見抜くスキルを身につけよう

　法定運行前点検は、「法定」とあることでわかるように、国土交通省から法令で義務づけられている重要事項です。形だけのおざなりな点検にならないように、気をつけましょう。

　例えば、タイヤの空気圧の点検では、点検ハンマーでタイヤをたたき、空気圧が適切かどうかを見ますが（エアゲージを使わない場合）、正常であることが当たり前だと考えていると、異常になかなか気づけません。「いつ異常があってもおかしくない」という考えを前提にして点検をすると、いち早く異常に気づくことができます。

①車両の下部の油漏れ、水漏れ

　車両の不具合のサインです。エンジンオイルや冷却水が漏れていると、走行できなくなります。

②灯火類の点検

　１人でやりづらい点検ですが、これを怠ると「整備不良」で１点の減点されます。ブレーキランプはシートとブレーキペダルの間に点検ハンマーの柄を橋渡しして点検する方法があります（４章１項参照）。

③スペアタイヤの空気圧

　普段使わないので空気圧が不良になりやすいので注意が必要です。

④バッテリー液量

　特に夏場はエアコンを使うため、不具合が出やすくなります。

点検・整備のチェックリスト

□車両の下部の油漏れ、水漏れ

車両の不具合のサイン
- エンジンオイルの漏れ→エンジンの焼き付き
- ラジエーターの水漏れ→オーバーヒート

□灯火類の点検

不当または点滅不良だと、他の車両や歩行者に自車の進行方向や停止の予告ができず、追突や接触の原因となる

□スペアタイヤの空気圧

普段使わないので空気圧が不良になりやすい

□バッテリー液量

特に夏場はエアコンを使うため、不具合が出やすい

🚚 POINT!

事業用自動車は、1日1回運行前に日常点検をしなければならない

2章 プロドライバーの安全運転スキル（準備編）

10 事前の作業構想

作業効率ではなく安全走行を重視して作業をしよう

　目的地まで運行ルートの構想を事前に立てるのと同様、作業する上でも事前に構想を立てることが事故防止につながります。ここでは、特に荷積み時の作業構想について解説していきます。

　荷積みは、荷下ろしがしやすい順序で積込みをしたくなるものですが、以下のポイントに沿って、安全走行を重視した作業構想を立てるようにしましょう。

①重量バランス

　安全に走行できるバランスの良い荷物の配置を心がけます。避けたいのは、二段積みする際に上段に重い物を積むこと、荷台の前方に重い荷をまとめること（前荷）、左右のバランスが極端に悪い積み方をすることです。

②荷下ろし場所の状況予測

　荷台の左右から荷下ろしができるようなウイング車や平ボデーの場合は、荷下ろし地の状況により、荷台の右側に積むか左側に積むかを決めます。

③シートのかけやすさ

　平ボデーの場合、平シートをかけることを想定した積み方を考えます。

④荷締めのしやすさ

　荷締めのことを考えて、荷台上のどの位置に積むかを決めます（ロッカーにあるフックの位置によって積む位置を考慮する）。

重量バランスの良い荷物の配置

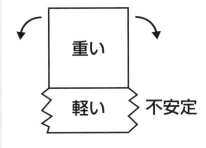

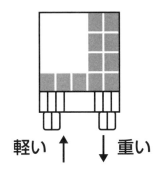

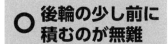

🚚 POINT!

作業構想は「段取り」の一言で片付けられない。長い運行時間中、不安や心配を抱えながら走行を続けることはとても危険！

荷台への昇り降り

積荷とともに落下して事故になるケースも

　安全な方法で昇り降りすることが最も多い荷扱い作業中の労災事故を減らすことにつながります。特に多いのが、荷物とともに落下し、大怪我をしてしまうケースです。

　荷台での作業は、危険と隣り合わせです。4t車の標準ボデーでも、地上から荷台までは1mほどの高さがあります。飛び乗り、飛び降りは危険です。ましてや、地上高2m超もある閉めたアオリ（荷台の荷物が落下しないための囲い）の上から飛び乗ったり、飛び降りたりするのがとても危険なことは言うまでもありません。

　荷台は、昇り降りする際に手や足をかけるところが少なく、つい積荷に手をかけて昇り降りをしようとしてしまいます。特に平ボデー車ではシートがけをしなくてはならず、高所作業することがあります。その際に不安定な荷物に手や足をかけてしまい、バランスを崩して、荷物とともに落下し地面への衝撃に加え、荷物が自分の上に落下してきたことにより重傷事故になるケースがあります。

　荷台への昇り降り時の事故防止のポイントは、以下の通りです。
①作業時は必ずヘルメットと手袋を着用し、安全靴を履く
②積荷をどうしても支えに使わなくてはならない場合、1つの荷物に両手を同時にかけない（片手は別の荷物に手をかけ、力を分散させることで、積荷と一緒に転落・転倒するリスクを回避する）

荷台の昇り降り時は危険と隣り合わせ

荷役作業時の労働災害 (平成25年陸運業)

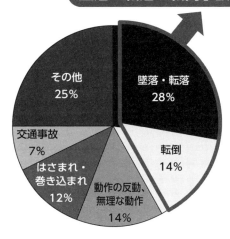

墜落・転落や転倒事故が 41%

- 墜落・転落 28%
- 転倒 14%
- 動作の反動、無理な動作 14%
- はさまれ・巻き込まれ 12%
- 交通事故 7%
- その他 25%

参照:「[緊急警報] トラック運転者の荷役災害が急増中!」(陸上貨物運送事業労働災害防止協会、公益社団法人 全日本トラック協会)

NG!

荷台へ昇りやすい足場。昇る際、荷物につかまらない。昇降機具を使うこと

NG!

閉まっているアオリに昇る際は、アオリのキャッチがしっかり閉まっていることを確認

2章 プロドライバーの安全運転スキル(準備編)

12 トラックの停め方

荷主、客先の敷地内での停車マナーに気をつけよう

　トラックは、商品や製品を客先に運ぶ上で不可欠なものである反面、広い通路、駐車場所や積下ろし場所を確保しなくてはなりません。一般的には、邪魔な存在として扱われることも少なくないのです。

　ドライバーはこのことをよく理解し、運行業務を行ないましょう。「運んであげる」ではなく、「運ばせていただく」という気持ちを持っていなくては、多くのトラブルやクレームを引き起こしかねません。

　あらかじめ駐車場所が決められている場合は、枠からはみ出さずに停めます。特に駐車場所が決められていない場合は、通路や倉庫などのプラットホーム、建物に対して平行あるいは直角になるように停めます。斜めに停めないように気をつけてください。

　その他、駐車時の注意点は、以下の6つです。マナーを大切にし、停める位置を決めましょう。

①坂道に停めない

②斜面に停めない

③事務所や工場などの出入り口の前に停めない

④人が安全に通れる通路を確保して停める

⑤他の車両が通過できる通路を確保できるように停める

⑥進路方向と逆方向に向けた駐車は絶対にしない

坂道での駐車はできるだけ避ける

総重量8t（4t車）の物体が転がってきたら、止められない！

🚚 POINT!

トラックは重量があるので、勾配があるところでは、ちょっとしたことで動き出すことがある。
指定された枠内に、できればより平坦な場所に駐車して、駐車ブレーキを確実に引くこと。そして、万一に備えて輪止めをしておくこと

13 輪止め

「まさか」の事故を事前に防ぐ

　輪止めとは、車両を駐車させる際に、右図のような三角型の形状のものを2つ一対で使用し、タイヤ自体をしっかり固定させることを言います。

　トラックの重量は非常に重く、サイドブレーキだけでは時に耐えられず、自走してしまう可能性があります。傾斜方向は人の目視では判断できません。輪止めは、安全に駐車するために必要不可欠なのです。

　輪止めは、タイヤと地面との接地面に両サイドから挟み込むように設置するのが正しいやり方です。八掛け（タイヤに対して斜めに挟み込むこと）では十分な効果が出ません。正しく輪止めをすると、トラックはテコでも動かなくなります。

　従来は、ワイヤー式サイドブレーキが主流でしたが、現在は、ホイールパークブレーキという圧縮空気を利用したものが主流となっています。たいていは4輪に作動するので安心できる仕組みになっていますが、エアー漏れなどにより圧縮空気が不足すると、ブレーキが解除できなくなるので注意が必要です。

　トラックの性能が向上したことで、車両の不具合により、停めてあったトラックが動き、転落や追突事故になるケースはほとんど起きていません。起きてしまうのは、サイドブレーキの引き忘れ、輪止めの省略など人的ミスによる事故です。輪止めは「まさか」の事故を事前に防ぎます。プロドライバーの「当たり前」としたいものです。

輪止めのやり方

①R（カーブ）のある方がタイヤ接地面

②運転席の対角にある左側の後輪に輪止めをすると、車両周りの点検が合理的にできる

③輪止めをする際は必ず両方する（八掛けや片方では効果がない）

14 荷崩れを防ぐ荷締め

荷締めはプロドライバーの腕の見せどころ

　荷崩れは、急ブレーキ、急発進、急ハンドルなど、ドライバーの運転スキルにも大きい影響を受けますが、荷締めも荷崩れを防ぐために必要なプロのスキルです。

　荷物を安全に輸送するためには、荷物に適した荷締め機を用い、荷積みをして固縛する必要があります。悪路や路面の凸凹により車両が大きな揺れや振動、衝撃を受けても、荷物が安定し、安全走行を維持できなくてはなりません。

　荷締め機には、ワイヤー荷締め機、ベルト荷締め機、ラッシングベルト、レバーブロックなど多くの種類があります。荷物の形状や重量、積付けの方法に応じて使い分ける必要があります。

　荷物の積付け、荷物の固縛、運転方法の3つが組み合わされて実行されなければ荷崩れを完全に防止できません。

・**荷物の積付け**……荷物が崩れにくいように組み合わせたり、高さを整えたりする

・**荷物の固縛**……荷物の形状や性質に合った荷締め機（締める力、ワイヤーなどの太さなど）を選択し、基本的には左右、前後均等な力、方法で固縛する

・**運転方法**……予知運転がコツ。早めの認知、判断が必要（「前の車が急ブレーキを踏むかも」「人が飛び出てきそうな路地だな」など）

荷崩れを防ぐ荷締めのポイント

①荷締めがしっかりできていないと荷物のバランスが崩れ、転倒する恐れがある。

②走行途中で固縛状態を必ず点検する（走行中の振動や衝撃によりゆるむことがある）

③積荷の総合重心位置が荷台の中心に来るようにする（後輪の少し前）

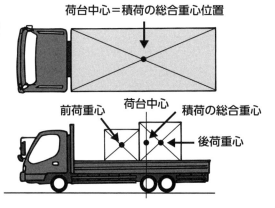

15 積込み

手間を惜しまないのがプロ

　積込みが中途半端だと、荷下ろしするまでずっと心配で運行に集中できません。積込みは許された時間内で、できる限り丁寧に行ないましょう。

　荷物を積むコツは、**隙間をあけずに積む**ということです。空間があったら、ベニアや角材、発砲スチロールなどを利用し、やむを得ず急ブレーキを踏んだ際でも、荷物が前にズレたりしないように隙間ゼロを心がけてください。また、「交互列積み」や「れんが積み」など荷崩れを起こしにくい積み方の知識を身につけておくとよいでしょう（付録180ページ参照）。

　積込みの際にプロとして大事なのが、「**ひと手間かける**」ということです。雨が激しくなる天気予報が出ているなら、1枚余分にシートを掛けましょう。荷主が心配そうな表情で積込む姿を見守っていたら、1本余分にロープを掛け、しっかりと荷締めをしましょう。

　また、積込みをする前に、荷主に「この製品の取り扱い上の注意点を教えてください」と聞くのもよい方法です。場合によっては、過去のクレームの事例や事故のパターンを教えてくれるでしょう。荷主は「余分なことを言っては悪いかな？」と遠慮していることもあります。こちらから素直に問いかけることで、顧客満足度アップにもつながります。

　積込みの最後には、荷主に見てもらいましょう。「出発しますが、確認してもらってよろしいですか？」と一声かけ、荷主に自分の目で確認してもらうことで、安心感を与えることができます。

積込みの手順

積込み前の準備

①まずは周囲の作業状況や天候を確認

②荷台の上の清掃、濡れていたら拭き取る

③積込む荷物（現品）を伝票、現品票で確認

④荷主に荷物の取り扱い上の注意点を確認

⑤過積載にならないか、念のため荷主に確認

⑥積み込む順序や配置を決める

⑦荷締機や緩衝材が十分かチェック

⑧数が足りているかチェック

⑨梱包の状態や破損や汚損がないかの外観チェック

積込み開始以降

①助手がいれば、荷台に上がらせる

②多数の件数の荷下ろしの場合は、遠いほうから積込み開始。
　１カ所の場合は、荷台の前部から重量物が前に来ないように
　積む（前荷の回避）

③重量の重い荷物は荷台の中心に積む（２章14項参照）

④左右のバランスを確認しながら積む

⑤荷締めにロープフックを使う場合は、荷物の中心にフックが
　来るように積む

⑥隙間は緩衝材や角材、ベニアなどで埋め、荷がズレないよう
　にする

⑦１人で積む際、ロープ掛けについては後では掛けにくいた
　め、積みながら仮掛けしておく

2章 プロドライバーの安全運転スキル（準備編）

16 過積載

絶対に違反しないというプライドを持つ

　過積載とは、車検証（自動車検査証）の最大積載重量欄に記された重量（単位はkg）を超えて積載することです。「4t車は4tの荷物が積めるトラック」という間違った認識もまだあるようです。

　過積載は、どんな弊害をもたらすでしょうか？　ブレーキの効きが悪くなり危険であるとか、横転の原因になるとか、安全面のことはもちろん大切ですが、マナー・モラルの面にも注目すべきです。

　定量輸送（過積載しない輸送）は、荷主と運送会社、そしてドライバーの三者が高い意識を持たないと維持できません。運賃の◯%が歩合給として支給されるとなると、ドライバーは少しでもたくさんの荷物を積もうとします。荷主も1車につき◯円という運賃契約だと、1kgでも多く積もうとします。そして運送会社は、1t当たり◯円という運賃契約をすると、より少ない車両数で少しでも多くの荷物を運ぼうとします。

　三者が過積載から起こる弊害をよく理解し、私欲に走らず、高い意識が維持すれば、あらゆる面で「安全第一」「法律を守り、皆の道路を大事に使おう」といったマナー・モラルが根付いていくのです。

　荷主や所属会社の「ギリギリ定量だと思うよ」という言葉を鵜呑みにせず、**「私はプロドライバーとして絶対に過積載はしない」**というプライドをきっぱりと示しましょう。いざあなたが違反キップを切られても、免停になっても、誰も助けてはくれません。

車両総重量に注意！

◎中型貨物自動車（4tトラック）の場合

車両総重量＝車両、荷物、ドライバーすべてを総計した重量。
車両が4tだから、荷物を4t積み込めるわけではない。パレットや荷締め機、角材の重量も含まれるので注意！

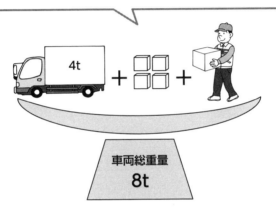

過積載違反＝最大積載量（自動車検査証の最大積載欄に記載された重量）を超える積載は道路交通法違反になる

🚚 POINT!

過積載違反の処分は1〜6点。6点だと、大型車で10割以上の積載で免許停止、罰則として6カ月以下の懲役または10万円以下の罰金となる

17 荷下ろし

慎重な積下ろしが次の荷崩れを防ぐ

　荷下ろしの際、積込みしたときのまま、到着地に着くことができれば、あなたの積込みと運転スキルはプロ級です。

　そうでない場合は、「あのときズレたのかな？」「積み方のここがマズかったのかな？」などと、原因をしっかりと追求しましょう。

　荷下ろしで大事なポイントは3つです。

①荷受人に見てもらう

　下ろす前に荷受人に荷台を見てもらい、荷物に破損や汚損がないかを点検してもらった上で、荷受人の指示に従って荷下ろしを開始します。荷受け拒否を避け、二度手間の作業になることもありません。

②解けた部分・ゆるんだ部分をチェックしながら解く

　荷下ろしの際には、荷締めが解けている、あるいはゆるんでいるところを確認しながら解きましょう。荷物同士が支え合ってかろうじて荷崩れ寸前で留まっていることがあるからです。荷締めの解けた、あるいはゆるんだ周辺の荷物が崩れていないかを手で揺さぶりながらチェックした上で、荷下ろしをしてください。

③伝票や現品票と照合する

　記憶ではなく、伝票や現品票と照合をしながら下ろしましょう。自分で積んだ荷物だからと過信しがちですが、人間は間違いがあって当然です。特に焦って積んだときなどは見直しもできなかったはずです。

積下ろし時のチェックリスト

安全チェック

☐ ヘルメットなどの防護帽を着用
☐ 荷台上でフォーク作業者から見えない場所では待機しない
☐ アオリはしっかりキャッチで固定する
☐ シートを荷台上で引っ張る場合は、急に大きい力で引かない
☐ ウイング車の場合、2〜3回に分け小きざみに開ける

作業方法チェック

☐ 荷台に上がったら、背中をなるべく外に向けない
☐ シートをはがすときはできるだけ地上から行なう
☐ 助手がいるときは声を出し合い行なう
☐ 荷台に昇降する際は、3点確保（足だけ、片手片足は危険）
☐ 荷崩れを発見したら、荷締め機を解かず、荷が崩れそうな方
　　向には近付かない

客先でのマナー

☐ トラックはどこに停車して荷下ろしすればいいか確認
☐ 何を積んできたか、どこにいつ下ろせばいいか聞き、先に伝
　　票を提示
☐ 汚れた手袋や泥のついた安全靴で作業しない
☐ はぎ取ったシートは素早くたたみ、通路をふさぐなどしない

🚚 POINT!

荷下ろし時が、荷主の信頼を失墜させない最後のチャンス。慎重に慎重を重ねて行なおう。

18 運行ルート選択の必要性

快適ではなく最適なルートを選ぶ

　運行ルートは、運行前の点呼で、運行管理者がドライバーに運行計画指示書を作成し、指示を出すのが一般的です。運行管理者は、運行上の安全確保をベースに、スピードや効率性を念頭に入れ、運行計画を立案しています。

・**スピード**……車速だけでなく、信号の数、右左折の数、走行距離なども加味した結果として、納期（到着）遵守が目的です。

・**効率性**……ムダな走行を抑えることが目的です（走行距離、労働時間、高速代）。

　しかし、この2つを常に優先していると、運行上の安全が確保できなくなる場合があります。スピードや効率性を追求するあまりに大きな事故やクレームにつながる例も少なくありません。

　右ページの8つを念頭に入れつつ、運行管理者の判断だけではなく、運行管理者とドライバーがよく打ち合せをした上で、運行ルートを決めていくことも時には必要です。事故や渋滞、天災などにより、あらかじめ決めた運行ルートが続行できない場合もあります。その際は、ドライバーから運行管理者に情報を入れ、再検討するようにしましょう。

　大型自動車、中型自動車は、普通車が通行できる道路でも、標識などによって通行できない場合もあります（付録184ページ参照）。あらかじめ運行ルートを選択しておくことが必要です。

60

最適ルートを選ぶポイント

❶交差点でできるだけ右折を避けるルートか

❷幅員の広い道路を走行できるルートか

❸横断歩道の少ない、より人通りの少ないルートか

❹積荷に優しい凹凸のない道路整備がされているルートか

❺近道であっても山越えやカーブの多い天候により危険が増すルートは避ける

❻ドライバーの細かな判断が要求されない見通しの良いルートか

❼スピードを出す必要がないが、適度の緊張感を維持できるルートか

❽通行規制のあるルートではないか

🚚 **POINT!**

毎運行ごとに、運行管理者と共に走行したルートを振り返り、評価すると、次のルート選択に生かされる

COLUMN

安全走行の鉄則を決めよう

　安全走行を習慣化するために、自分なりの鉄則を心に決めて、実践するといいでしょう。鉄則は、過去に起こした事故からの教訓でもいいし、あなたの会社のトップドライバーを見習ったことでもいいと思います。

　事故のほとんどが確認不足や確認のタイミングがズレたときに起きます。まずは３つ自分自身が大事にしたい鉄則を決めましょう。

・進路変更する際は、変更の３秒前に方向指示器を出す

・極力バック走行をしなくてすむ経路や方法を心がける

・横断歩道では必ず止まって歩行者を通す

・バック走行する前に、下車して後方を目視で確認する

・発進する際は、前方、サイドミラーなど指さしして安全確認する

・運行前点検では、タイヤを素手で触り、異物のかみ込みなどの有無を見る

・発車する前に、車両周りを一周し、周囲の安全を確認する

・高速道路では、走行速度に応じた車間距離をあける

・フロントガラスは外側だけでなく内側も汚れを取る（乱反射と結露を防ぐ）

3章

プロドライバーの
安全運転スキル
（走行編）

1 安全確認

安全確認に絶対の自信を持とう

　安全確認は事故を防ぐために最も重要なスキルです。そして、最も安全確認が確実に、そしてうまく行なえるタイミングは「停車中」です。

　車両が少しでも動いている間は、安全確認に集中できません。ブレーキをしっかり踏んでいる瞬間が安全確認のグッドタイミングということになります。サイドブレーキを引いていれば、さらに確実です。

　例えば、交差点では、交差点に入る直前に安全確認をします。交差点に入ってからではまったく意味がありません。

　停止線がある場合は、

①まずは停止することに集中し、

②停車してから「安全確認」をする

というように、一つひとつの行動を確実に行なうことが重要です。

　停止線がない場合でも、停まった状態で安全確認します。このメリハリが安全確認のポイントです。

　徐行しながらの安全確認が一番効率的だと思っているドライバーが多くいますが、まさに勘違いです。徐行運転中の安全確認は、「ながら運転」になり、効果は半減してしまいます。

　踏切通過前や側道から本線への合流時、バック走行時直前の後方安全確認時など、しっかり停止できる状況があれば、完全に停止してから安全確認を行なうことが最も効率的で、確実な安全確認と言えます。

停車しているときが「安全確認」のグッドタイミング

✕ 徐行しながら
〇 完全停止

バック走行時直前の安全確認

●安全に後退するには
　いったん下車して

●左ミラーの安全確認

しっかりと停車、または下車して目視するとさらに良い

誘導してもらっても過信せず、自分の判断を優先する

2 死角

トラックの死角は想像以上に広い

　トラックの死角は思った以上に大きいものです。
「死角」とは、運転席からどうやっても見えない角度または範囲です。**交差点などではトラックの進行方向や進入角度によっても死角の範囲は変わってきます。**

　死角があるのは前方、横方向だけではありません。運転席の後方には大きくて長い荷台があり、大きな死角となります。バックモニターには映らない範囲もあり、目視に比べ、捉えきれないケースも多々出てきます。

　地域の交通安全教室などでは、前方の死角を教えるために、キャビンの真下に子どもを立たせて、運転席からまったく見えないことを実証しています。一般的な死角の意味とはやや異なりますが、トラックの運転席は最大で地上高3m近くになる場合があり、この高さのため低いエリアが見えない、あるいは目が届かないことがあります。

　また、ときどき「**サンキュー事故**」というのが起こります。右折しようとする際に対向車線の直進車両がヘッドライトなどで「お先にどうぞ」と進路をゆずってくれたことで、右折を焦り、左脇から出てきたオートバイや自転車への注意力を損ない、事故になるというケースです。こうした「心理的な死角」もある、ということを理解しなくてはなりません。

　死角については、「**まんべんなく、均等に見る**」こと、そして「**想像で判断しない**」ことが大事です。

トラックの死角はこんなに広い

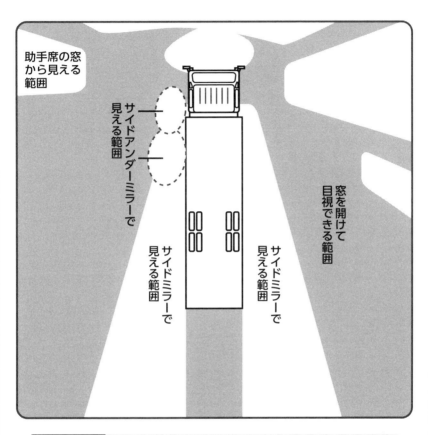

POINT!

◆ 図示した死角はおおよその範囲で、車種などによって少しずつ異なる
◆ サイドミラーなどによって見える範囲は「間接視野」で、うっかりすると見落としやすく、死角に準ずる範囲として、十分な警戒が必要

3 方向指示と進路変更

一つひとつのアクションを意識して行なおう

　方向指示というのは、次にどのような行動を取るかを周囲に知らせ、安全を確保することが目的です。

　方向指示を進路変更の直前に行なったり、方向指示もせずに進路変更してくる危険な車両がときどきあります。そのような危険車両は、周辺の車両との接触事故の原因となるだけでなく、周囲を混乱させ二次的な事故を引き起こすこともあります。

　まずは、**進路変更をしようとする3秒前に方向指示器を点灯**させ、周囲に次の行動を知らせます。その上で、左または右に寄るという準備をした上で「進路変更」を行なうことが基本です。

　これら一連の動き（方向指示→進路変更「寄り」→右左折）は、周囲のことを考えずに、単なる"作業"として無意識に行なっているドライバーが多いのが現状です。

　早めにウインカーを出すなどして、「私はこれからこういう走行をしますよ」ということを周囲に発信しましょう。自分の車両だけでなく周囲の安全にも配慮できるような余裕を持って、一つひとつのアクションを意識しながら行なってください（右ページ②のイラストのように、手で合図を出してもよい）。

　「こうすれば事故にはならない」という強いマインドを持って、走行操作することが安全な運行につながるのです。

プロドライバーの方向指示

①あらかじめウインカーを点灯する

※進路変更とほぼ同時のウインカー点灯では遅すぎる

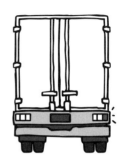

②後続車両や二輪車に、急ブレーキや急ハンドルなど「急」をさせる行為は厳禁！

> **POINT!**
>
> 進路変更と同時にウインカーを点灯するドライバーが少なくない。あらかじめウインカーを出し、3秒後にハンドルを切る習慣をつけよう

正しい左折①

内輪差による事故に気をつけよう

　左折時は、特に「内輪差」に注意が必要です。経験の浅いドライバーほど、この内輪差を意識するあまり、道路の右に寄って大きくふくらみながら左折の進路を取ろうとします。これは次のような事故を引き起こします。
①並走する自転車や二輪車の巻き込み
②横断中の歩行者などとの接触
③尻振りによる車両右後方部と対向車との接触
④並走する二輪車が開いた進路をすり抜けようとした際に起きる接触
　事故を防止する左折の鉄則は、あらかじめ左に寄り、内輪差を考慮に入れつつ、徐行をし、安全確認を十分した後、左折を行なうことです。
　左折をする50m程前でスピードを落とし、直進しないことを追従する車両に示します。「前を走るトラックは左折に入るな」と思わせたところで、ウインカーで左折の合図を出して（30m手前）、左サイドミラーを見ながら道路左側に寄ります。これが有効な左折のコツです。
　横断歩道を横切るときは、広い範囲を見渡す必要があるため、必ず徐行をします。左右どちらから横断者があるかわかりません。
　最も注意が必要なのは、速度を上げて横切ろうとする自転車です。徐行状態からアクセルを踏む前にも再度、左右の確認が必要です。信号停止時は、青に変わってもすぐには進まず、ワンテンポ遅らせて発進することもコツの一つです。死角にいた二輪車をやりすごすことができます。

安全確認で防げる左折時の四大事故

① 並走してきた自転車や二輪車の巻き込み

② 横断者への接触

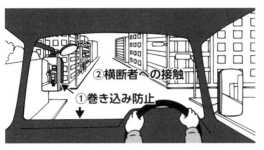

③ 内輪差が生じさせる事故

④ 対向車との接触事故

安全確認① 30m手前
安全確認② 横断歩道を横切る前

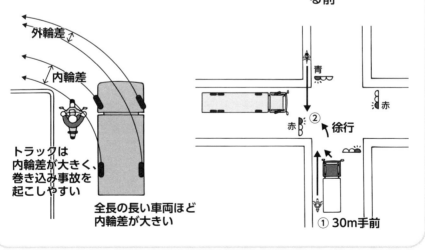

3章 プロドライバーの安全運転スキル（走行編）

正しい左折②
左タイヤの軌跡を意識しよう

　ハンドル操作の技術が顕著に表われるのが、左タイヤの軌跡です。運転スキルが高くないと、左タイヤの軌跡が思い通りに描けません。

　運転席は右前輪の真上にあるので、右タイヤの軌跡がよくわかるのですが、左タイヤは運転席から離れている分、想像しながら軌跡を描くことになります。また、前輪の軌跡が後輪の軌跡にも反映されるので、左タイヤの軌跡を操る運転スキルは重要です。

「道路は左寄りを走れ」と教えられることがありますが、厳密に言うとこれは誤りです。なぜなら、いつも左寄りを走ると、左折のときはそれほど大きな「寄り」は必要ありませんが、右折時にかなり大きな「寄り」が必要になります。これは左タイヤの軌跡も不自然なものとなり、危険を招きます。

　左折するときは、あらかじめできる限り道路の左側端に寄り、徐行しなければなりません。したがって、進路変更→左側端に寄る→沿って徐行→左折が完了するまでを徐行で走行します。

　この徐行も左タイヤの軌跡を意識すれば、車両感覚が身につきます。どれくらい左に寄っているかを把握できるようになり、比較的スムーズに行なえることを体感してください。

正しい左折

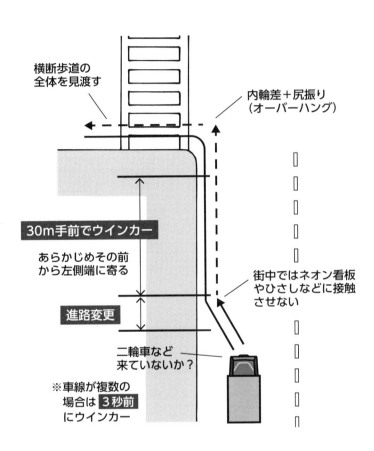

🚚 POINT!

直線と曲線をよく意識しながら、ハンドル操作をするのがポイント。この意識がメリハリのある運転スキルにつながる

正しい右折①

焦ると小回りになり、死角が広くなる

　安全な右折は、**交差点の中心方向に直進し、中心の手前で直角に曲がり、90度方向に進路を変える走行**です。交差点の中心の直近の内側を回ると、より直角に回ることに近い走行ができ、死角も最小限に抑えることができます。この走行技術こそがプロドライバーが身につけるべきスキルです。

　なぜ、交差点の中心近くまで直進するのかというと、直進してくる対向車の動きが最もよく見えるのが直進方向だからです。対向車両で隠れた二輪車や歩行者、自車の後続車をサイドミラーで確認しやすいのも、交差点の中央に向かって直進するコース取りです。

　右折時の安全確認で大事なことは、しっかりと首を回して、左右を目視するという動きです。このとき、上体はぶれてはいけません。かえって死角が増えてしまいます。首から上で、動かせる範囲内で安全確認する訓練をして、正しい安全確認を身につけましょう。

　右図のように、小回りをすることで、左のサイドミラーでは絶対に映らない死角がこれだけ多くできます。また、それだけではありません。交差点には多くの場合、横断歩道が併設されています。焦って小回りで右折した分、速度も出ている上、直進車両を避けなくてはならないような状況では、横断歩道上の歩行者と接触する確率も高くなってしまいます。

右折時の死角

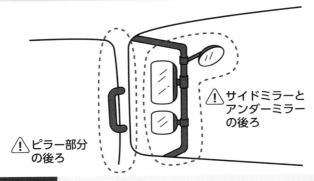

⚠ サイドミラーと
アンダーミラー
の後ろ

⚠ ピラー部分
の後ろ

🚚 POINT!

死角は思った以上にある。頭をオーバーめに左右に動かしながら確認しよう

○ 交差点の中心付近を通るケース

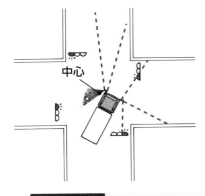

× 小回りして交差点を通るケース

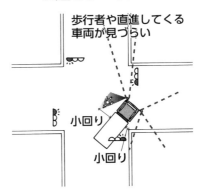

歩行者や直進してくる車両が見づらい

🚚 POINT!

○と×は同じ角度だが、○は交差点内、×は横断歩道上を走っている

正しい右折②

荷崩れを起こさない走行技術を身につける

　小回りの右折では、遠心力による荷崩れを引き起こしやすくなります。背の高い車両（ウイング車や箱車。95ページ参照）を後方から見ているとよくわかりますが、荷台が大きく左右に揺れます。その分、積荷にも大きな力が加わり、荷崩れやロープや荷締め機の固縛のゆるみにもつながる、とても危険な行為です。

　右折の事故は左折の事故に比べて、被害が大きく、重大化する傾向があります。その理由は、右折する自車と対向直進車との事故（右直事故）は双方のスピードが出ていることが多いため、衝突した際の衝撃も大きく、被害者、加害者とも大きなダメージを受けるからです。

　右折時の事故の多くは、焦りが原因のようです。**この焦りが招く右折をする際の「コース取り」に問題があるのです。**

　通常、安全かつ正しい右折では、交差点の中心の直近の内側を通過するコース取りをします。ところが、焦って右折をしようとすると、スピードが出ている上に小回りとなり、死角がより広くなります。そのため、危険度が増すのです。

安全な右折

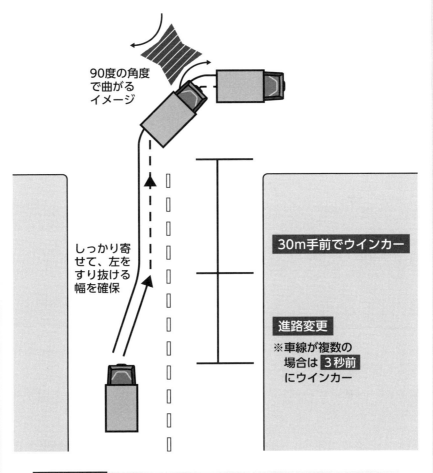

🚚 POINT!

交差点の中心まで、ハンドルはほぼ直進させ、交差点を徐行速度で90度グルッと回るイメージ。死角がより少なくなることが体感できるはず

道路の中央走行

左右どちらにも安全に寄ることができる位置を走る

　道路のどこを走行するのが正しいか、理解しているドライバーは意外と少ないようです。正解は「**道路の中央**」です。中には左寄りを走れと先輩から教わったというドライバーがいますが、それはプロの運転スキルとしては誤りです。

　左折をするときはあらかじめ左に寄り、二輪車などの巻き込み防止をしなくてはなりません。一方、右折をするときはあらかじめ右に寄り、交差点に進入しなくてはなりません。右にしっかり寄っていないと右折の際、左後方の角（オーバーハング部分※）がやや外側にふくらむので（尻振り）、左をすり抜けようとする車両に接触する恐れが出てきてしまいます。

　つまり、左折・右折ともに、あらかじめ寄ることが重要であり、**左右どちらにも安全に寄ることができる位置が道路の中央**なのです。

　優秀なドライバーは、左折車両はあらかじめ後続車に「これから左折する」という予告をしています。スピードを落とし、ウインカーで合図を出して徐々に左に寄っていくと、後続車両は左側に割り込むことはできないはずです。右折の場合も理屈は同じです。右左折時は大幅に速度を落として、曲がるほうにしっかり寄り、後方に自車の次の動きを知らせましょう。

　このように、勘違いや誤った知識のまま走行していることも少なくありません。本書の付録185ページにある「運転スキル・チェックカルテ」で自分の運転スキルを改めて見直してみてください。

道路の中央を走行する方法

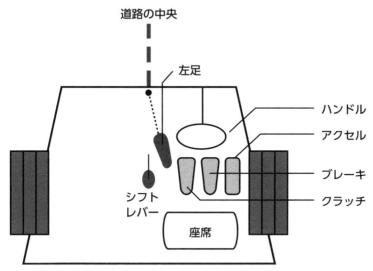

※オーバーハング=タイヤからはみ出した車体の部分。前輪からフロントバンパーの辺りまでをフロントオーバーハング、後輪からはみ出した部分をリアオーバーハングという

🚚 POINT!

左足で中央線を踏むようなイメージで走行するのがコツ

◆ なぜ左寄りは正しくないか？

→右折するときに大きく右に進路を変更しなくてはならなくなる

◆ なぜ右寄りは正しくないか？

→対向車との接触の危険がある。二輪車と並走することで起こる危険性が増す

3章 プロドライバーの安全運転スキル（走行編）

空車時と満載時の走行の違い

積載重量により運転のコツが変わる

　トラックというのは最大積載重量（付録174ページ参照）、いわゆる満載時に最大のパフォーマンスが発揮できるように開発、製造がされています。最大のパフォーマンスとは、ブレーキの効き、カーブや右左折時の安定感、円滑なハンドルさばき、加速減速などです。正しい運転スキルがあれば、満載時には100点満点の運転ができるということです。

　逆に注意しなければならないのが、空車時です。空車時は必要以上に馬力が出るために、ブレーキが効きすぎる、力余って大きな段差でも乗り越えてしまう、派手に横転してしまうなど、危険な事故を引き起こしやすいのです。**空車のときはアクセルもブレーキも50％程度、アクセルはそっと踏み込む、ブレーキは早めに軽く踏む**ことで十分機能が発揮できます。

　満載のときは、「ノッキング」を避ける発進のための運転スキルがまずは大事です。静止した重いものを動かすには、いきなり強い力を注いでも動きません。徐々に力を加えていくようなアクセルワークが必要です。その際は、しっかりと脇をしめて、ハンドルを力まない程度に握ってください。空車時も満載時もシフトチェンジのタイミングは同じです。

　坂道での発進の注意点としては、上り坂では、やや2速での距離を伸ばすか、坂の勾配がキツい場合は1速を使います。下り坂では、惰性で発進し、スピードが乗ったところでいきなり3速に入れると滑らかな走行ができきます。

空車時と満載時の運転スキルの違い

	空車時	満載時	プロの技
タイヤ	空転しやすく、後輪は特に横滑りしやすい	空気圧の低いタイヤに大きい負荷がかかる	空車時に不具合タイヤを見抜く
ブレーキ	効きすぎるので補助ブレーキを多用し、フットブレーキをサブ的にするとよい	エンジンブレーキ、補助ブレーキと併用して、効果的なブレーキワークがポイント	エンジンブレーキが効くシフトチェンジを知る
カーブ	アクセルは踏み込む必要はない。惰性をうまく使い、勢いを出さない	急ハンドルは厳禁。早めのブレーキとカーブの入り口でしっかり減速する	対向車に不安を与えないコース取り（右に寄りすぎない）
坂道	急発進しがちになるため、アクセルはエンジンが1000回転するくらいで十分	坂道発進では焦りは禁物。エンストもある。駐車ブレーキを併用して、ソロリソロリと発進	大きなエンジン音を出さずに発進できる
交差点での右左折	スピードの減速を必ず行なう。空車の油断が横転事故を引き起こす	大きな遠心力を避けるため90度で直角に曲がるイメージを常に心がける	後続車から見て、荷台が左右に揺れない

3章 プロドライバーの安全運転スキル（走行編）

10 完璧なシフトチェンジ

シフトチェンジをしている間はリスクがある
と覚えておこう

　シフトチェンジを完璧に行なうと、2つのメリットがあります。

①燃費が良くなり、エコ運転につながる

②素早くトップスピードに乗せることができ、運転に集中できる体制にスピーディーに移行できる

　シフトチェンジのポイントは、まずは2速で発進し、タイヤが1回転する直前に3速にシフトチェンジ、次に、4速にシフトチェンジします。車長1車分（大型自動車で13m程度）以内で行ないます。

　意外に思われたかもしれませんが、**発進して20m以内ですでに4速で走行している状態が正しいのです。**

　2速で15m程度引っ張るドライバーも多いですが、これは燃費が悪いだけではなく、安全面にも支障をきたします。4速に入れるまでは、2速→3速→4速とシフトチェンジをしており、両手でハンドルを握る時間が極端に短くなっているからです。つまり、危険な片手運転をしている時間が長いということになります。

　シフトチェンジをしている間は、不意に危険な場面に遭遇した際に対処が遅れるというリスクを理解しておきましょう。例えば、シフトアップしている最中に前方の車両が急ブレーキをかけたとき、素早くトップスピードに入っている場合と比べると、ブレーキをかけるタイミングが遅れることになります。運転に集中できる体制に素早く入ることが重要です。

素早くトップスピードに入れば運転に100%集中できる

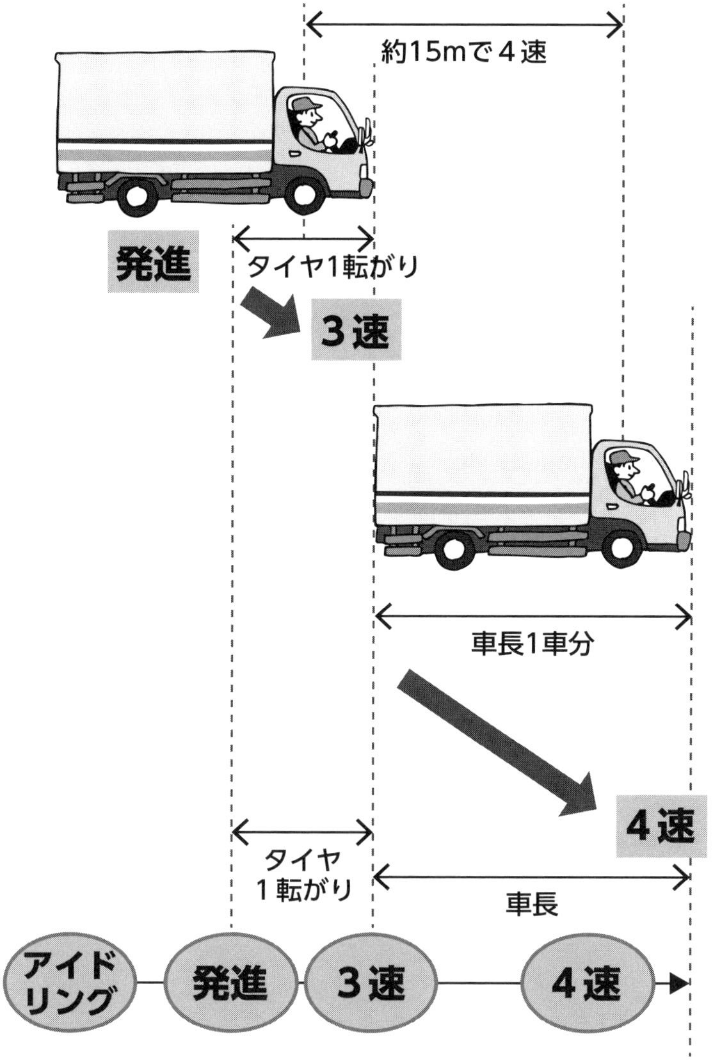

約15mで4速

発進

タイヤ1転がり

3速

車長1車分

4速

タイヤ
1転がり

車長

アイドリング　発進　3速　4速

3章

プロドライバーの安全運転スキル（走行編）

11 「急」がつく行為の避け方

日々の心がけが大きな安全・安心につながる

荷崩れを引き起こす原因となるのが、「急」がつく運転です。

・**急発進**

意識的にアクセルを踏み込んで、クラッチを素早くつなぐと、勢いよく車両は発進しますが、その瞬間は急には停車できない状態にあります。急発進した直後に危険を察知しても対処ができないわけですから、とても危険な行為と言えます。また、荷崩れも起こりえます。

・**急ハンドル**

前を走る車両が急ブレーキをかけた、二輪車が飛び出してきた、路面に落下物が落ちてきたなどということがあるかもしれません。つい、かわしてやろうと急ハンドルを切りたくなるかもしれませんが、大変危険な行為です。乗用車と違いトラックは車高も高く、荷物を積んでいるケースが多いため、バランスを崩しやすく、横転のリスクも高まります。

・**急ブレーキ・急加速**

減速の必要性が生じた時点で、まずはハザードランプを点灯して、ゆっくりブレーキを踏みます。これで多くの危険が回避できます。また、急加速をして危険箇所をすり抜ける行為も事故のもとです。まずは適切な車間距離を保つことが大事です。一般道では「速度と同じ車間距離（時速40kmなら車間距離は40m）＋15m」、高速道では「速度と同じ車間距離（m）」を保っていれば、「急」な行為の必要はなくなるはずです。

「急」がつく行為の避け方

・急発進

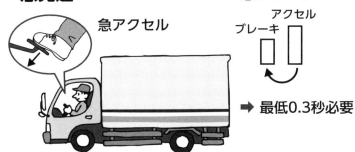

急アクセル

急ブレーキ

→ 最低0.3秒必要

・急ハンドル

遠心力が加わる

横転の可能性

→ 荷物は
・左右対称
・前後対称
・上下対称
が望ましい

・急ブレーキ・急加速

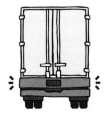

①アクセルから足を離す
②補助ブレーキ＋ハザードランプ点灯
　　　　　　ほぼ同時
③フットブレーキを踏み込むと
　ABSブレーキが作動

→ 遅い車や自転車などを急加速して
　追い抜くような行為✗

3章 プロドライバーの安全運転スキル(走行編)

12 バック走行スキル
バック走行は最も集中すべき走行

　バック走行時は、公道よりも私有地内での事故が多く、統計されない場合が少なくありません。そのため、表面化していないだけで、実は追突事故や右折時の事故（右直事故）以上に多い事故です。

　バック走行時の事故が多いのはなぜでしょうか？　その原因を知る上で、まずはトラックの特性を理解することが必要です。

　乗用車などと違い、トラックの運転席の後ろには荷台があります。多くの場合、後方の様子を直接目視できず、**見えない部分（死角）がある状態でバック走行をしなくてはなりません。**

　ある大手の運送会社では、この死角をよりなくすためにバック走行直前に降車し、後方を目視確認した上で、バックをするというルールを徹底していると聞きます。これが徹底できれば、バック走行時の事故は激減していくことでしょう。しかし、現実にはバックモニターも装備されており、なかなか降車までして安全確認はしないものです。

　正しいバック走行のポイントは3つあります。

① **後方に「今からバック走行する」という意思を伝える（ハザード灯火）**
② **後続車などが退避できる「間」をつくる**
③ **徐行でバック走行する**

　バック走行はとても危険な行為であり、最も集中すべき走行であるという認識を持って行ないましょう。

86

バック走行スキル

①後方に「これからバックします」と伝える

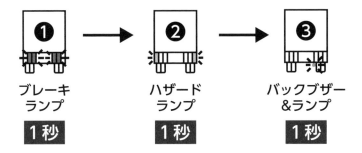

②後続車などが回避できる「間」をつくる

> 🚚 **POINT!**
>
> 3秒あれば後続車両は、後退してかわす、クラクション・パッシング、「危ない！」と叫ぶなどできる。

③徐行でバック走行する

見える範囲がバックするごとに狭くなる

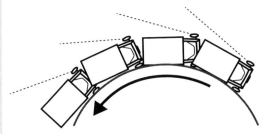

> 🚚 **POINT!**
>
> ハンドルを右に切りながら行なうバック走行は特に危険。

13 バック走行の避け方

バック走行せずにすむハンドル操作を身につける

　バック走行を極力避けることで、事故の発生率を大きく下げることが可能になります。

　バック走行せずに前進走行だけでは運行業務は行なえません。しかし、同じバック走行をするにもそのやり方次第で事故は防げるのです。

　例えば、トラックを荷下ろし場などに駐車している場面で、荷下ろしが終了して出発しようとしたところ、進路をはばむ障害物（荷物やフォークリフト、来客の乗用車など）が置いてあり、右ページ図のように自車がバックしないとその場を抜け出すことができないとしましょう。

　この場合、２つのパターンが考えられます。①障害物の右から抜ける方法、②障害物の左から抜ける方法です。右から抜けるか、それとも左から抜けるかで、バック走行と発進の仕方が変わります。

　右ページの①のようにハンドルを左に切りながら、左斜めに必要な距離だけバックすると、左サイドミラーでの左後方の視界が大きく、右後方も運転席から目視で見やすくなります。

　一方、右ページの②は、まっすぐバック走行して、必要な距離だけバックし、一旦停止をしてから徐行で左に進路を取り、すり抜ける方法です。これが、プロドライバーのスキルです。プロでないドライバーは、死角の大きさを気にせずバック走行をします。

極力バック走行を避けるスキル

①右に抜けられるケース

左に尻を振っても右側は目視できるし、左側の死角は小さくなる

②左に抜けられるケース

まっすぐ下がらないと左側が見えない（右に尻を振ると左側の死角が大きくなる）

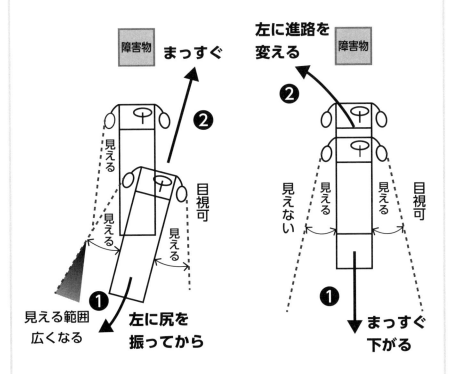

POINT!

抜ける方向でハンドルの切り方が変わる

14 高速道路の走行

大型自動車ならではの走行のポイントがある

　車両総重量8t以上、最大積載量5t以上のいわゆる大型自動車は、速度抑制装置（スピードリミッター）の装着が義務付けられ、**時速80kmを超えて**高速走行することができなくなりました。

　乗用車やいわゆる4t車（車両総重量8t未満のトラック）は、制限速度（時速100km）以内の走行が可能なために、大型自動車が良い意味では「ペースメーカー」に、悪く言えば「行く手を阻む存在」となっています。

　高速道路には、走行車線と追い越し車線があります。走行車線を時速80kmで走る大型自動車を、追い越し車線から同じ大型自動車が追い越そうとすると時間がかかり、渋滞の原因にもなってしまいます。このようなケースでは、走行車線を走る側がややスピードを落とし、進路をゆずることが正しいマナーです。

　また、トラックの運転席は高い位置にあるため遠くまで見渡すことができ、いち早く先の道路状況が把握することができます。渋滞の列にさしかかった際は、早めにハザードランプを点灯させ、後続車に知らせることができます。

　乗用車などに車間距離を詰めて接近したり、進路をゆずらずにいると、恐怖感や圧迫感を与えてしまいます。大型自動車がからむ事故は被害も甚大となりやすいので、安全かつマナーの良い高速走行を心がけましょう。

高速道路の走行

●大型自動車は80km/hまで

	普通自動車	準中型自動車	中型自動車	大型自動車
車両総重量	3.5t未満	3.5t以上7.5t未満	7.5t以上11t未満	11t以上
最大積載量	2t未満	2t以上4.5t未満	4.5t以上6.5t未満	6.5t以上
乗車定員	10人以下	10人以下	11人以上29人以下	30人以上
受験資格	18歳以上	18歳以上	20歳以上(経験2年以上)	21歳以上(経験3年以上)

●大型自動車は左端の車線を走行する

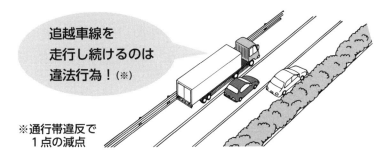

追越車線を走行し続けるのは違法行為！(※)

※通行帯違反で1点の減点

●高速走行時の車間距離

速度をメートルに読み替えた距離以上の車間距離（80km/hのときは80m）

15 仮眠時の注意点

休憩は法令でも定められている

　安全な走行の維持のためにも、適度な仮眠は欠かせません。最長の連続運転時間は4時間までと法令で定められています。30分間ぐっすり眠ることができれば、十分リフレッシュし、運行を再開できるはずです。

　仮眠時はもちろん、エンジンをストップします（冷蔵・冷凍車など例外を除く）。また、輪止めをしておくことも精神的な安心につながります。

　つい寝すぎてしまったり、深い睡眠となってしまい、かえって眠気が取れなくなるのを懸念して、運転席で仮眠を取るケースが多いと思いますが、できれば、**仮眠は助手席で取ること**が望ましいです。

　運転席付近にはシフトレバーもあり、アクセルにも足が届きます。ウトウトした状態で、シフトレバーに触れ、誤ってアクセルを踏んでしまうとトラックが動き出してしまう可能性があり、とても危険です（エンジンストップすれば、このような危険は回避できます）。実際には駐車ブレーキが効いてエンストするはずですが、万が一のことも頭の片隅に置いておくべきでしょう。ハンドルに足を乗せて仮眠する姿も、プロドライバーにはふさわしくありません。

　また、必ず日報に休憩も含めて仮眠した場所を記入しましょう。**仮眠の記録がないと行政処分の対象**となりますので、「○○市△△町または○○サービスエリア」など、地名や名称から場所が特定できるようにしなくてはなりません。

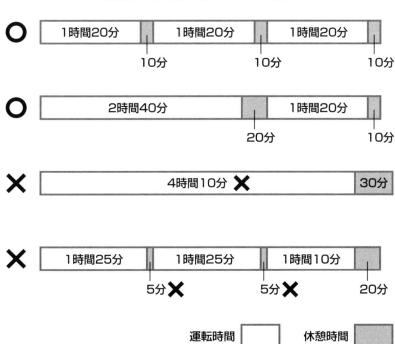

16 事故の種類

事故は交通事故だけではない

トラックの事故は大きく3つに分類されます。

①交通事故

人身事故と物損事故に大別されます。人身事故は、死傷者が発生した事故で、物損事故は、死傷者はないが車両の破損や器物の損壊が伴う事故です。どちらも事故の状況により過失割合が決まります。

交通事故において重要なのは、必ず事故現場に警察を呼び、現場検証の上、事故証明書を必ず取っておくことです。この事故証明がないと、後々、損害賠償保険を使いたくても使えなくなるので注意が必要です。

②労災事故

仕事中に患ったケガや疾病は、労災認定を受けなくてはなりません。会社に事故状況を伝えた上で、医療機関に「仕事中の事故です」と告げた上で治療を受けましょう。健康保険を使って治療をすると、後々、健康保険組合からの照会が入ります。

③荷物事故

破損した商品だけではなく、生産ラインが停止してしまった場合の損害賠償責任も負わなくてはならないケースも考えられます。ここで重要なのが、転倒事故で破損させた場合など、実際に使用不可能なものだけを選別してもらえるように荷主に理解を求めることです。そのためには、事故の現場を見てもらうまでは、事故品を動かさないようにするのが無難です。

94

事業用トラックの種類別・人身事故1,000件当たりの死亡事故件数

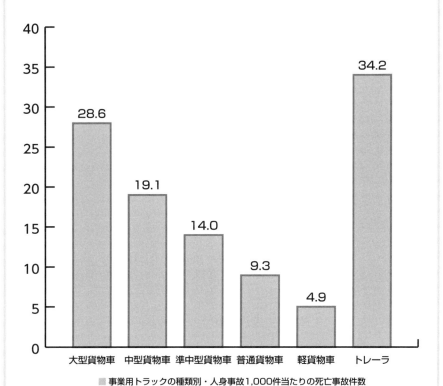

■ 事業用トラックの種類別・人身事故1,000件当たりの死亡事故件数
参照:「事業者用自動車の交通統計 令和2年度版」(公益財団法人 交通事故総合分析センター)

POINT!

大型貨物車ほど死亡事故につながりやすい

3章 プロドライバーの安全運転スキル(走行編)

車両別・運転操作の ポイント

特徴をよく知り、運転スキルを上げよう

　貨物自動車は、主に以下の４種類に分かれ、それぞれに運転のコツが異なります（タンクローリー、車載専用車などの特殊自動車を除く）。

①平ボデー

　荷台の部分がないため見通しも良く、風の影響も受け難いため比較的走行しやすい形状のトラックです。しかし、さまざまな荷姿の荷物を積載することができるため、背の高い荷物、長尺ものなどもあり、荷締めの技術と状況にあった運転操作が要求されます。

②箱車（バン車）

　一般的には、荷台の後方からしか荷積み、荷下ろしができないため、ホーム付けをするためのバック走行の機会が多くなります。バック走行の距離を少しでも少なくする工夫が必要です。後部ドアのしめ忘れに気をつけましょう。風の影響（特に横風）を受けやすいので注意が必要です。

③ウイング車

　左右両側と後方の３方向から荷物の積下ろしが可能なため、汎用性が高い車両です。その分、ウイングが開閉できるスペースと高さを計算しつつ、停車場所を決めて停車位置取りするなどのハンドル操作が必要です。

④トレーラ

　内輪差が非常に大きく、左側方の二輪車などを巻き込みやすい上に、カーブでははみ出しが大きくなります。

貨物自動車の種類

①平ボデー

②箱車(はこしゃ)

※通常は後部ドア(リヤドア／観音扉)からのみ荷積み、荷下ろしをする

③ウイング車

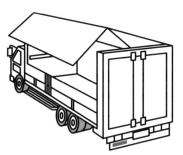

④トレーラ

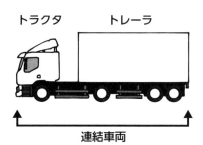

※どの車種においても地上高3.8mを超えることはできない

3章 プロドライバーの安全運転スキル(走行編)

COLUMN

荷主から信頼される
ドライバーとは

　2章、3章ではプロドライバーが備えるべき運転スキルについて解説しましたが、荷主、また荷主の得意様である客先は、ドライバーに運転のスキルはそれほど求めていません。事故なく無事に荷物を輸送してくれればそれでいいというのが本音のようです。

　過去に、客先の荷下ろし作業員と口論になり帰ってしまったドライバーがいました。荷物を積んだまま車庫に放置し、無断で帰宅してしまったのです。後々事情を聞いてみると、「頭ごなしに叱られてカッとなった」ということでした。

　すぐに私が客先にお詫びに行くと、このドライバーは日頃から挨拶もなくて、コミュニケーションができていなかったということがわかり、この事案のそもそもの原因と判明しました。荷下ろし作業員に言わせると、荷下ろし作業をしてやっても「ありがとう」の一言もない、「雨降りは大変だな」と声をかけても「はい」としか返ってこない……。運転スキルは巧みでしたが、日頃から「こいつはまともに挨拶もできない」というイメージがあったようです。

　これを機に、「ドライバーは運転スキルだけではダメだ」ということに気づいたこのドライバーは、別人のように挨拶がきちんとできるようになり、新たな荷主先の信頼も厚いようです。

4章

プロドライバーの
車両扱い

1 不良箇所を見抜くスキル

点検ハンマーは万能の点検ツール

　ドライバーは整備士ではないので、故障箇所を修理したり、故障の原因を突き止めたりする必要はないかもしれません。しかし、訓練をすることで誰でも身につくスキルがあります。それが**不良箇所を見抜く力**です。

　一番危険なのが、車両の不良箇所に気づかずに、不備状態のまま運行を続けることです。不良箇所を見つけるのに有効なツールとして、**点検ハンマー**があります。点検ハンマーとは、柄が長く、頭の部分が非常に小さいハンマーで、運行前点検などで用いる唯一の道具です。

・タイヤの空気圧

　音と跳ね返りの感覚で、正常か不良かを判別します。一般的に正常なときは「ポーン」という音、不良なときは「ドスッ」という音がします。

・ホイールボルト、ホイールナット

　4章4項で詳しく解説します。

・タイヤの残り溝のチェック

　正常なタイヤの残り溝は1.6mm以上必要です。頭の部分の尖ったほうを溝に当て、親指の先で溝に差し入れた部分の深さを目視で確認します。

・溝の異物取り

　小石等が溝にかみ込んでいる場合、頭のとがった部分で取り除きます。

・1人でのブレーキランプの点灯確認

　長い柄を使ってブレーキを踏み込んだ状態をつくり、確認します。

点検ハンマーの使い方

● **タイヤの中央をたたき、空気圧を見る**

● **とがった先でタイヤの残り溝を見る**

明らかに残り溝がないときはスリップサイン（101ページ②参照）で確認する

● **ブレーキランプの点灯を確認する**

長い柄を使って、ブレーキを踏み込んだ状態をつくり、車両の後方に行き、確認する

4章 プロドライバーの車両扱い

2 タイヤ
目と手の平、両方の感性を磨こう

　タイヤは荷物だけではなく、ドライバーの命も載せて、高速で回転しています。適切な点検を怠れば、正常な運行ができないだけではなく、ドライバーの安全も保障されません。以下、タイヤ点検のポイントです。

①空気圧

　タイヤの種類や荷物の荷重を加味して、適正な空気圧が定められています。タイヤの空気圧が低いまま高速回転し、タイヤ内のエアーが高温膨張すればバーストしやすく、大きな事故につながる可能性があります。高速走行中に右タイヤがバーストして対向車線の大型トラックと正面衝突し、双方のドライバーが即死という痛ましい事故事例もあります。

②溝の深さ

　右図のようにスリップサインが出ると目視確認できますが、ポイントは目視だけではなく、手で触って確かめるクセをつけることです。溝の深さが手の感触でも確認できると、より点検の精度が増し、安全意識も高まります。

③亀裂、偏摩耗、異常摩耗

　手で触って確かめる点検にはもう一つの意味があります。それは、異物が刺さり、かみ込みしている場合の早期発見です。

　また、前荷や片荷など重心が偏った積み方をしていると、タイヤは偏摩耗（極端に偏った減り方）しますので、荷の積み方の見直しが必要です。

タイヤ点検のポイント

① 空気圧

空気圧は高すぎても、低すぎてもバースト(※)の
原因になる

※タイヤが冷えているときに点検すること。走行直後は、最大1割くらい
　空気圧が高くなる

② スリップサイン

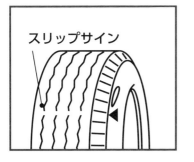

- 残り溝が1.6mm以下になると、スリップサイン表示位置（▲マーク）にスリップサイン（溝が直線的になくなる）が出る

- 目視だけではなく、指先でチェックするクセをつけよう

③ 亀裂、偏摩耗

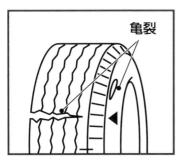
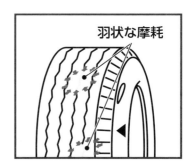

タイヤローテーション

タイヤを長持ちさせるタイヤローテーション

　タイヤローテーションは、タイヤの耐久性向上と事故防止に有効です。タイヤの回転方向は、タイヤのローテーションによって変えることができます。例えば、前輪の左右を入れ替えるだけでも双方のタイヤの回転方向が逆になります。ローテーションのスパンは5,000kmが目安です。

　一般的には、右ページのように**タイヤローテーションをするとタイヤが長持ちする**と言われています。タイヤの回転方向だけではなく、後輪との交換組み合わせにより、内側と外側との差し替えも可能となります。各タイヤに均等な摩耗をさせ、長持ちさせるのが目的です。

　また、タイヤのローテーションおよび交換ができていないと偏摩耗が進み、特に雨天の際はスリップ事故や、ブレーキの効きが悪くなることで招く事故を起こしやすくなります。

　タイヤチェーンのかけ方も重要です。**タイヤチェーンは、駆動する車軸についたタイヤにかけなくては意味がありません**。トラックのほとんどは後輪駆動です。前輪にチェーンを巻くことはほとんどありません。

　また、後輪の車軸が複数の場合、転がり（駆動しない軸）のタイヤにもかける必要はありません。大抵はダブルタイヤの外側のみにかけます。

　なお、凍結した場所でのチェーンかけ作業はとても危険です。トラックごと滑って、作業者が大ケガを負うことにもなりかねないので、十分な注意が必要です。

タイヤ交換（3軸車の例）

①全輪同サイズの場合（前輪2軸、後輪1軸）

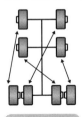
1回目Ⓐ

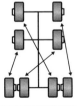
2回目Ⓑ

3回目以降はⒶⒷを繰り返す。

②全輪同サイズの場合 （前輪1軸、後輪2軸）

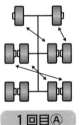
1回目Ⓐ

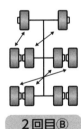
2回目Ⓑ

3回目以降はⒶⒷを繰り返す。

③前輪と後輪のサイズが異なる場合

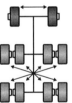

🚚 POINT!

◆ ポイントは、タイヤの回転方向を変えながら、前輪と後輪を交互に入れ替えるローテーション

◆ 取り替えコストとの兼ね合いはあるが、短いサイクルでローテーションを行なうとタイヤも長持ちしやすい

参照：「トラック＆バス用タイヤの上手な使い方」（トーヨータイヤHP）
http://toyotires.jp/care/select_tb2.html

4 ホイールボルト、ホイールナット

タイヤの脱落事故は100％防止できる

　タイヤの脱落は重大事故につながりますので、絶対に防がなくてはなりません。運行前のホイールボルト、ホイールナットのゆるみの点検を怠らなければ、タイヤの脱落事故はほぼ100％防ぐことができます。

　ホイールボルトは、もともと同じ長さです。目視で、その長さが不揃いであることが確認できる場合、「異常」です。以下の要因が考えられます。
①ホイールナットのゆるみ（または、締めすぎ）
②ホイール穴の不良（ホイールナットを大きいトルク（力）で締めすぎ、ホイール穴が肥大してしまった）
③ホイールボルトそのものの脱落
④ホイールナットの脱落

　異常が見られたときは、右図のように手の甲をホイールに軽く添え、点検ハンマーでタイヤが前進回転する方向（たたくことでゆるまない方向）に力がかかるように軽くたたきます。

　ボルト、ナットがゆるんでいる場合、手がしびれるような感覚が走ります。その感覚が鮮明になるように手の甲をホイールに触れさせるのです。

　ゆるみは走行中に増幅し、タイヤの脱落につながります。例えば、タイヤを締めつけしている8本のボルトが7本になれば、それぞれのボルト、ナットには、想定以上の大きな負荷がかかり、耐えきれず破損してしまいます。これが、タイヤ脱落のメカニズムです。十分気をつけましょう。

ホイールボルト・ホイールナットのゆるみの確認

4章 プロドライバーの車両扱い

> 🚚 POINT!
>
> ◆ ホイールナットを指で挟み、手の甲はホイールに軽く当てておき、点検ハンマーで2〜3回たたくのがコツ
> ◆ 締めすぎはディスクホイールの亀裂・損傷につながるので注意

5 ディーゼルエンジン

エアー、圧縮、噴射の条件は揃っているか

　事業用トラックの大半はディーゼルエンジンです。ディーゼルエンジンは軽油を燃料とし、エンジン内で急激に圧縮された空気に燃料を噴射し爆発を起こし、動力を得ます。

　最大のトルク、効率（燃費）、良い排気を得るには、下記の3つの条件が揃うことが不可欠です。

①**良いエアー（吸気）**……エアーフィルターが詰まっていては、良い爆発は実現しません。

②**良い圧縮（密室）**………エンジンオイルの劣化による各主要部品の摩耗を抑え、ピストンリングに損傷がないことが重要です。

③**良い噴射（噴霧状態）**………良質の燃料（不正燃料ではないなど）を使用し、不完全燃焼を起こさないようにしなくてはなりません。不完全燃焼により黒煙を排出し、大気汚染を引き起こす原因となるからです。

　エンジンの性能を十分に発揮させるためには、オイルの劣化は絶対に避けなくてはなりません。劣化したオイルには鉄粉が混ざり、エンジンの主要部品を摩耗させるだけでなく、圧縮時にピストンリングの摩耗によって圧縮漏れを起こし、燃料がエンジンオイルに混ざり、燃費が落ちます。また、劣化したオイルには粘り（粘性）もないため、潤滑性、エンジンの冷却機能ともに落ちていきます。

　また、冷却水がないと、エンジンはオーバーヒートを起こします。

トラックの持ち前のパワーを発揮させる圧縮

摩耗の原因＝鉄粉の混ざった劣化したオイルを使い続けること

…圧縮工程で空気が圧縮されるときにピストンリングが摩耗していると、圧縮空気が漏れて十分なパワーが発揮できなくなる

4章 プロドライバーの車両扱い

圧縮工程

ピストンが押し上がり空気が圧縮される。圧縮された空気は600℃以上の高温になる

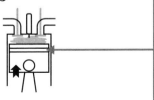

ピストンリング
コンプレッションリング
ヘッド側
シリンダ内壁
オイルリング

🚚 POINT!

◆ エンジンオイルは5,000km走行ごとに交換する
◆ 良いエアー（吸気）のためのエアフィルターのそうじ

109

6 バッテリー

寿命は2〜3年。
自然放電に注意しないと引火の可能性も

　バッテリーはおおよそ2、3年で蓄電機能が低下し、寿命を迎えます。延命するためには、**日常点検でバッテリー液が適量入っているか確認すること、補充を怠らないこと**が重要です。

　バッテリーは、メンテナンスができていても、自然放電は避けられません。また、真夏などはエアコンの使用により、蓄電量以上に使用量が多くなる傾向もあり、「バッテリー上がり」を起こすことは珍しくありません。これは寿命ということではないので、充電をすることで機能が蘇ります。ただし、間違った方法で充電をすると爆発を引き起こし危険です。また、バッテリーも再生不能となってしまうので、注意が必要です。

　まずは極の確認をします。判別のコツは、＋極は赤いプラスチックでカバーがしてあったり、メインコードがつなげられています。一方、－極はボデーの一部にアースを取ってあり、＋と比較すると細めの線がつながれています。この確認を怠ると、事故が発生する確率が著しく高まりますので、注意が必要です。

　充電の際は、**先に＋をつなぎます**。工具やブースターケーブルがシャーシなどに当たるとスパーク（火花が散る）するので、注意が必要です。

　また、バッテリー上がりの際の復旧方法は、右ページ下図です。**絶対にしてはならないのが、12Vバッテリー車との接続**です。激しいスパークが発生し、引火爆発の原因になります。

110

バッテリーのつなげ方、交換の仕方

POINT!

指先ではなく、手の平でしっかりつかみ、ターミナルにつなげる

ブースターケーブル

POINT!

真上からターミナルをしっかり挟み込む

4章 プロドライバーの車両扱い

スペアタイヤのチェック

万一のときは今日来るかもしれない

　スペアタイヤは基本的には緊急のときにしか使わないものです。しかし、言うまでもありませんが、いざというときに役に立たなかったら意味がありません。

　スペアタイヤは、法定運行前点検時にチェックされているので、装備されていない、あるいは破損しているなどということはないはずです。ところが、パンク等でスペアタイヤに履き替えた後に、代わりのスペアタイヤを装着し忘れるケースが少なくありません。

　スペアタイヤを新品のまま装着しているケースはまれで、たいていは中古のタイヤがスペアタイヤとして装着されます。エアーが抜けていて装着しても走行できないタイヤや、劣化の進んだタイヤをスペアタイヤにしているケースがあります。4章2項でも説明したように、

①空気圧が適正か

②スリップサインは出ていないか

③亀裂や偏摩耗はないか

　最低限、この3つはチェックをしてください。

　中型自動車でも車体を6本のタイヤで支えています。車両総重量8ｔ車であれば、（8ｔ÷5本＝1,600kg）÷（8ｔ÷6本＝約1,333kg）＝約1.2、**つまり約20％も1本当たりのタイヤに負荷がかかることになり、危険な状態です。**

スペアタイヤのチェックを怠るべからず

チェック1
しっかり取り付けられているか
車種に適合しているか

チェック2
空気圧は適正か

チェック3
残り溝は基準内か(新しいタイヤを
スペアにする必要はない)

チェック4
亀裂や損傷、偏摩耗がないかをくま
なくチェックする

洗車

義務でやるのではなく、楽しんで行なおう

洗車をする目的は大きく5つあります。

①フロントガラスや各種ミラー、灯火類をキレイに保つことで、安全な運行ができる
②荷主や客先に対して失礼のない、きれいな車両で運行できる
③洗車をすることで、車両の異常箇所（傷、凹み、油類の滲みなど）を発見できる
④車両を痛める海岸地帯の塩分、または寒冷地で散布される凍結防止剤や除雪剤を取り除く
⑤荷台をきれいに保つ

洗車は義務ではないか、と言われるかもしれません。確かに大事な業務ですが、目的意識を持って高い頻度で洗車をしていると、車両に愛着がわいてきます。すると、気持ちまでが洗われた気分になり、本当に気持ちが良いものです。

また、冬場は融雪剤が足回りに多く付着し、車両金属部分の劣化を早める恐れがありますので、洗車は車両の延命にもつながります。

荷台を洗浄することで、汚れや油分が荷物に付着することを防ぎ、クレームを回避することができます。時間がないときは、タイヤだけでもきれいにすると気分が変わります。

時間がないときにサッとできる洗車のコツ

☑灯火類だけ濡れタオルで拭く

効果 灯火類は汚れによって鮮明度が失われる

☑タイヤだけでもピカピカに

効果 運行後のタイヤの洗浄時に異物のかみ込みやパンクなどに気づくことが多い（対処が早まる）

☑フロントガラスはしっかりウォッシュ

効果 洗浄機のノズルは洗浄面から3m以上離す。視界が開けると、安全度も格段にアップ

荷台のメンテナンス
良い状態をなるべく長く保つために

　トラックにはさまざまなタイプの荷台がありますが、オーソドックスなタイプの木製板張りの荷台を例に解説します。

　荷台と言っても、荷物を載せるところだけが荷台ではありません。アオリ、リヤドア、屋根、ウイングなど、シャーシーに載っている部分の総称です。

　木製板張りの素材は「アピトン」という特殊な処理をした材質の床材を使用しています。アピトンは、反り、変形、ねじれを抑えた床材です。南洋材の一種で耐久性は比較的高く、重硬な性質を持っています。水や湿気にも強く、防腐剤も注入しやすいため、荷台の床材としては最適です。

　しかし、欠点もあります。荷物の積下ろし時の摩擦や衝撃により、木屑が発生します。この木屑が混入、付着することで**商品価値を損ねてしまう荷物もあるので、注意が必要**です。こまめな荷台の掃きそうじが欠かせません。

　また、床の強度の問題もあります。荷台を張っていく際、床材を直角方向に走る根太に床材をビスなどで固定していくのですが、トラックの構造上、タイヤハウスの真上は根太がなく、タイヤハウスの辺りの床はやや強度が弱くなります。このことを事前に頭に入れておくと、荷台の状態が長く維持できます。荷台に優しい荷扱いや荷台を接触させない運転スキルを身につけ、余計な修繕コストを費やさない配慮が常日頃、必要です。

荷台のメンテナンス

平ボデーの各部の名称

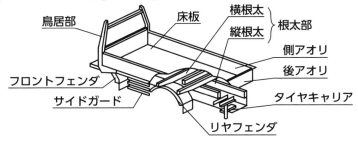

POINT!

平ボデーは床が風雨にさらされ、腐食しやすいので、平シートで覆う癖付けすると長持ちする

ウイングボデーの各部の名称

POINT!

グリスアップを定期的に行ない、スムースな動きを維持するようにしよう。ウイングサイドパネルが開かない、閉まらないというトラブルはクレームのもと

参照：『早わかり荷台の名称』（全日本トラック協会2008）

10 接触・自損事故

「その場で、素早く、正直に」が鉄則

　車両を長時間、運転操作しているとつい集中力が散漫になり、「ヒヤリハット」が何度か起こり、ついには接触事故あるいは自損事故に至ってしまうことがあります。特にトラックは乗用車と異なり、死角が多く、車幅、車高、車長が大きいため、少しの運転操作ミスが大きな事故に発展する確率も上がります。「危ないかな？」と感じたら、一度完全に停車しましょう。場合によっては下車して、自分の目で状況を確認します。

　運悪く他の車や建物などに接触させてしまった場合、急いでいるときなどはうやむやにしたいこともあるかもしれませんが、あなたは会社の名前が入った車両に乗っているということを忘れてはなりません。どこかで誰かが見ているものです（最近は防犯カメラも監視しています）。逃げたとしても、接触物に付着した塗料からトラック販売会社を通じて、車両が特定されてしまいます。速やかに会社に報告をし、指示を受け対応するようにしましょう。

　まずは持ち主、管理者を特定した上で、接触した「その場」から連絡を入れるようにします。時間が経過するほど、現場から遠ざかるほど、話がこじれることが多いので注意が必要です。**「その場で、素早く、正直に」が鉄則です。**

ミスがあったら、すぐにその場で報告しよう

🚚 POINT!

トラックは会社の看板を背負って運送している。いつも誰かに見られている意識を持ち、ミスがあったら逃げずに即対応しよう

COLUMN

エコな燃料補給のコツ

　燃料（軽油）補給のコツの１つとして、「フル満タンにしない」ということがあります。

　トラックは燃料タンクが外部に露出しているので、フル満タンの状態で坂道や傾斜で走行または駐車をすると、キャップ部分から燃料が漏れる場合があります。燃料は90％くらいの補給にしておくのが、ムダがない給油です。

　給油のタイミングも大切です。燃料も荷物の一部とみなされますので、満タンにすれば、燃料の重みで燃費が落ちます。大きいタンクだと、約600ℓ＝600kgとなるわけです。

　燃費の良し悪しを気にするドライバーだと、次に給油する予定のスタンドまでに必要な給油量＋αだけを給油しているようです。

　ちなみに、燃費の良いエコな運転のコツは、加速時では、ゆるやかにスタートして、素早くトップスピードに入ること（３章10項参照）。減速時では、燃料の供給が停止するエンジンブレーキを活用することです。

5章

プロドライバーの
社内ルール

点呼

儀礼的ではない点呼を実施しよう

　始業点呼や終業点呼、運行によっては中間点呼など、どの会社でも点呼を行なっていると思います。点呼は国土交通省からの実施義務を課せられています。これには、いくつかの項目があります。

①健康状態の確認
②運行計画の確認
③飲酒の有無（アルコールチェッカー）
④車両の運行前点検による運行実施可能性の検証
⑤運行管理者からの安全に関する注意事項や事故発生情報などの共有（再発事故防止）

　①から⑤まで、どれも重大事故を予防または抑制する目的があります。

　また、社内にいることがほとんどないドライバーにとって、点呼は、会社側との貴重なコミュニケーションの場です。トラックの不具合や設備上の要望（タイヤを交換してほしい、エアコンの効きが悪い、フロントガラスに飛び石の痕がついてしまった……など）を伝えるチャンスです。また、ドライバー同士の人間関係の悩みや荷主の情報を共有できる場でもあります。

　ただし、いつも言いたいことだけ言って、普段の安全運行励行運動や具体的な指示に誠意を持って応対しないドライバーは嫌われてしまいますので、注意しましょう。

点呼時に運転者が行なう報告事項

① 乗務開始前点呼
- ☐ アルコール検知器による酒気の確認と酒気帯びの有無
- ☐ 疾病、疲労その他の理由により安全な運転ができないおそれの有無
- ☐ 日常点検の実施またはその確認
- ☐ 睡眠不足の状況

② 中間点呼
- ☐ アルコール検知器による酒気の確認と酒気帯びの有無
- ☐ 疾病、疲労その他の理由により安全な運転が継続できないおそれの有無

③ 乗務終了後点呼
- ☐ アルコール検知器による酒気の確認と酒気帯びの有無
- ☐ 他の運転者と交替した場合は、自動車や道路、運行の状況の通告内容

伝票類の取り扱い

伝票＝お金という意識を持とう

　運送の伝票には、受領書をはじめ、注文書、納付書、分納受領書などさまざまあります。**伝票は、お金の代わりに動く重要書類です**。

　この大切な伝票を運転席（キャビン内）で紛失させてしまうことがよくあります。コンソールボックスやダッシュボードの上に置いて運行していると、振動やブレーキを踏んだタイミングで隙間に落ち、時に奥に入り込んでしまい、出てこなくなってしまいます。また、足元に落ちてしまった伝票を拾おうとした瞬間、前方から目が離れてしまい、玉突き事故を起こしてしまうという事故も実際にあります。

　伝票類は専用のカゴに入れた上で助手席の足元に置くことがおすすめです。お金と同じという意識で取り扱うよう心がけましょう。

　また、作業終了印は、「運行完了」を証明するもので、運賃を収受する上で重要な印です。1日の運行の終了時、あるいは1運行の終了時に荷主から、時には最終着地で客先からいただくことになります。

　これは、荷主や客先にとっては面倒な作業でもあります。作業終了印は本来、運賃を支払う荷主が押すべきものなので、客先で押印を躊躇される場合があるかもしれません。しかし、客先が最終着地である場合、押印してもらわないと荷主のところまで戻らなければなりません。毎日の業務のことですから、「お忙しいところ、お手数おかけします」という感謝の一言をそえて、作業終了の報告と押印のお願いをするクセをつけましょう。

運転席（キャビン内）の伝票の置き場所

脇見運転のもと
…伝票を運転席から手の届くところに置かない

追突事故のもと
…伝票をダッシュボードの上などに置かない。伝票が落下すると拾い上げたくなり、事故につながる

紛失事故のもと
…伝票を隙間（運転席の脇など）に差し込まない

🚚 POINT!
伝票類は専用カゴをつくり、助手席の足下に置く。ただし、助手席ドアの除き窓が隠れないように注意

安全靴の正しい履き方

安全靴は防護が一番の目的

　安全靴を履かずにケガをしてしまうと、労災認定されないケースがあることはご存じでしょうか？　荷扱いの作業時には必ず着用することはもちろんですが、その履き方や、選び方、使い方にも注意が必要です。

　安全靴は、危険回避のための大切な道具の1つです。

　作業するには負担が大きい履き物ですが、つま先を守る防護靴です。多少の負荷はあってもやむをえません。最近はつま先ガードが強化プラスチックでできている軽量のものもありますが、機能的には優れていても、安全面には問題が残ります。見た目（デザイン性）、軽さ（動きやすさ）だけで選んではなりません。

　安全靴は、正しく履かないと、破損しやすくなったり、効果が半減してしまいます。**安全靴が傷ついたり、こすれたりしないように履くようにしましょう。**

　安全靴の破損が多く、寿命が短いということはそれだけ、足が危険と隣り合わせであったり、日頃の作業が雑だということになります。「料理人は、コック服、厨房服が汚れていないのが腕のいい証拠」と聞いたことがあります。ドライバーも同じことではないでしょうか。

　いざというときに安全靴としての機能を果たさなければ、まったく意味がありません。そのことをよく理解した上で購入し、取り扱うようにしましょう。

安全靴の正しい履き方、使い方

〈かかとを踏んで安全靴を履くリスク〉

- つま先を守るための硬質プラスティックガードの効果が失われ、ケガ防止にならない
- 硬質プラスティックガード(スチール)のふちで爪をはいでしまう
- 走っている最中に安全靴が脱げてしまい、転倒する
- 運転中に足が滑り、ブレーキを踏み損ねてしまう(重大事故)
- 運転席(キャビン)、荷台への昇り降りで足を滑らせ落下する

安全靴を選ぶ際の注意点

- 底の厚いものは極力避ける(作業には向いているが運転に向かない)
- 扱い荷物に応じてスチール製または硬質プラスティックのガードを選ぶ
- 長時間履いていても違和感のないフィットするものを選ぶ

休憩時間の過ごし方

業務中以外はエンジンを切るのが基本

　プロドライバーは、気分転換の仕方もうまい場合が多いようです。

　労働基準法上で休憩時間とは、「労働者の権利として労働から離れることを保障されている時間」を言います。サービスエリアなどでトラックから離れて、自分の時間として過ごす時間です。

　休息時間の過ごし方の工夫次第で、気分良く、より安全な運行ができるようになります。眠気を覚ましたり、気分を一新するために効果的なのは、顔を洗う、歯を磨く、肌着を着替える、安全靴を脱ぐ、水分補給をする、などです。疲れ目を回復させるために、冷たいタオルなどで目を冷やすのも効果的です。

　荷主や客先の構内などで、トラックから離れることが許される状況であれば、トラックを思い切って離れましょう。トラックを離れることで気分が一新され、その後の運行をスムーズに行なうことにもつながります。

　このとき、**「休憩中です。緊急の場合は携帯×××-×××-××××、担当○○へご連絡お願いします」**といった表示を、窓かフロントガラスに掲げるとよいでしょう。

　休憩時間帯は、その日の体調や前夜の睡眠時間なども考慮して決めましょう。休憩する場所や時間にこだわり無理をすると、居眠りや注意散漫による事故につながります。無理は禁物です。

休憩時間はエンジンを切ろう

〈エンジンを切ることで防げること〉

- 大気汚染（お客様の構内の環境悪化）
- 騒音
- 燃費の悪化
- 昼食や仮眠を取っている人の気分を害する

POINT!

休憩に適した場所は、サービスエリア、駐車場の広いコンビニ、他の車両の通行を妨げない平地

5 携帯を触って良いとき、悪いとき

トラックの運転席は周りからよく見える

　一昔前のように公衆電話は簡単に見つからないし、移動が多く、駐車もままならないトラックドライバーには、今や携帯電話が欠かせないものとなっています。実際、運転席が高い位置にあることもあり、携帯を触りながら、大きな車両を操るドライバーを時折見かけます。ドライバーが携帯を使う姿は、時にマナーの悪さやモラルの低さを周囲に感じ取られてしまうことがあります。

　携帯の画面を見ながら、前方もまともに見られないのに、周囲の安全が見渡せるはずがありません。携帯の画面を一瞬見ただけで、時速40km走行中なら10m（0.9秒）も進んでいます。この瞬間に自転車が飛び出してきたり、死角にバイクが入ってきていたら、大事故を引き起こします。

　運転中は当然のこととして、最も良くないのが、**荷主や客先内でのオフィスで、担当者が他の電話に出たり、伝票の処理などをしている間に携帯を触る**ことです。荷主や客先では、特に周りから見られているという意識を持ち、静かに待つことは、最低限のマナーです。

　客先などでどうしても電話に出なくてはならないときや、電話をかけなくてはいけないときは、「ちょっと失礼します」などと周囲に一声かけてから、「はい、〇〇運送です。お疲れさまです（お世話になります）」という一言を発すると、周囲に仕事の電話だと認識され、支障がないものとなります。

携帯を触って良いとき、悪いとき

- お昼の休憩中、サービスエリア
- 化粧室や喫煙所で短時間
- 運転席でエンジンを切って

- 荷主、客先のオフィス内
- 運転中またはエンジン始動中
- 人が多くいる静かな場所
- 就業中に個人的な電話が鳴ったとき

🚚 POINT!

携帯の扱い一つで、安全だけでなく、荷主の信頼も失いかねない。マナー・モラルを持って使おう

5章 プロドライバーの社内ルール

同僚とうまく連携を取るコツ

大きな輸送案件をこなすとき

　大型トラック十数台の荷物を1日で運ぶような大きな輸送案件をこなすためには、同僚と力を合わせた、連携プレーが必要です。

　当然のことですが、まずは顔をつき合わせたミーティングで、心配なことや不安なことを残さないように話し合っておきます。

　よく起こりがちなミスは以下の通りです。

①下ろさなくてはならない重要な荷物（例えば現場の養生など）を積んだトラックが到着していない、または連絡がつかない

　自分が1・2番目に下ろす重要な役割のときは、全ドライバーが把握できるようにトラックにも表示をします（右ページ参照）。

②待機場所に予定時間より早く到着してしまい居場所がない

　荷下ろしの状況を仲間のドライバーに伝えます。

③荷積み、荷下ろし現場で不要になったもの（梱包資材やゴミ）が滞留し、作業に支障が出る

　現場で不要と思われるものがあれば、配車係に相談の上、まずは撤去します。後の作業がスムーズに運びます。

④事故などで激しい渋滞に巻き込まれてしまい、大幅に到着が遅れることが判明した

　他のドライバーから情報を教えてもらいます。配車係を通じて別ルートの検討を早急に行ないましょう。

大きな輸送案件をこなすときの注意点

①優先して荷下ろしすべき積載物の表示

「養生積載車」「1便目」など、走行するときに死角にならないように表示

※左ミラーが見えるように気をつける

②待機場所には必要以上の車両を侵入させない

予備待機場所

荷下ろし車両待機場所

3番目の車両が、1番目の車両の荷下ろしが終了した旨を4番目に報告するとスムーズ

③不用品撤去の配慮

毛布や梱包資材、ベニアなど

④遅延時のルール徹底

渋滞に巻き込まれたときは、素早く配車係に情報を伝え、後続トラックに知らせる

終業時にやるべきこと

今日の片付けと明日の準備は良いリフレッシュ

　ドライバーの仕事というのは、1日で完結させることができる仕事です。1日の中でやらなくてはならないことはある程度明確になっていますし、翌日以降に持ち越すような業務と言えば、オイル交換やタイヤのローテーション、平シートの補修などの車両のメンテナンス、荷締め機などのメンテナンスなどの毎日やる業務以外のことくらいでしょう。

　だからこそ、終業の片付けと明日の準備を、気持ちをリフレッシュする時間にすることをおすすめします。

　終業の片付けとは、使用した養生（ベニヤや角材、毛布や角当て）、共用の荷締め機などを所定の置き場所、収納場所にきちんと収める。洗車や、荷台の掃きそうじをする。雪道などで融雪剤などが付着していれば、足回りの洗浄をする。あるいは、足もとのマットの洗浄……など、1日の区切りをつけるような片付けです。

　明日の準備とは、明日の運行計画の確認（地図の確認など）、運行に必要な備品や養生などの準備、燃料の補給、運行管理者との打ち合わせ（運行計画以外の積荷に関する注意点などの確認）などがあります。

　疲れていると、ついつい後回しにしたくなることが多いのですが、しっかり段取りをしておくと、翌日の業務を気分良くスタートすることができます。

終業の片付けと明日の準備でリフレッシュ

養生用毛布は
キチンとたたむ

ワイヤーは
コンパクトにまとめる

ワイヤー荷締機はワイヤーを巻き取る

🚚 POINT!

次に使用する仲間のために器具類をメンテナンスしよう

COLUMN

職場仲間や家族へ
安心を贈る

　ドライバーの仕事は、基本的にワンマン運行で、特に地方に運行に出てしまうといざというときに救援することがかなり困難になります。いつどんなことに巻き込まれるかわからないのが、「移動」をする仕事の宿命です。

　私は東北の震災を機に、長距離運行車両に携帯充電器、飲料水、非常食を配備させました。

　3年後の豪雪で高速道路に閉じ込められたとき、A乗務員から「装備していた水や非常食に助けられています」という報告がありました。事務所やドライバー仲間からは安堵し、「頑張れよ」という励ましの声を返しました。

　いざというときのために、できる装備を適切に備えること、それを定期的にチェックして記録を残すことです。「あいつ、ちゃんと装備は持っているのか?」という心配に対し、「装備記録が3カ月前に確認できています」と言えるようしておきたいものです。

　荷主や客先に対しても、職場仲間に対しても、もちろん留守を守ってくれる家族に対しても、最も届けるべきものは「安心」です。安心を届ける仕事こそが輸送品質なのです。

6章

プロドライバーの
営業力

セールスドライバーとは

最高の営業マンと言われるために必要なこと

「セールスドライバー」と言うと、ものを売るために営業するドライバーのように思われがちです。しかし、本書では、セールスドライバーとは、下記のような要素を兼ね備えたドライバーと捉えます。

・荷主に信用されている
・情報を素早くキャッチする
・客先での評判が良い

　営業マンに求められることとは、

・顔を頻繁に出してほしい
・話を聞いてもらいたい
・提案をしてほしい
・ライバルや競合店の情報が聞きたい

　などが挙げられるでしょう。

　荷主の多くは「自分たちの大切な商品」を「良いドライバー」に運んでもらいたいと思っています。自社の商品が乱暴に扱われたり、粗末な扱いをされたりされたくない。しかし、輸送中もずっと見張っているわけにもいかないので、信頼できるドライバーに預けたい、ということです。

　こうした荷主の期待に応えることができれば、営業力のあるプロドライバーとして荷主から指名されるようになるはずです。

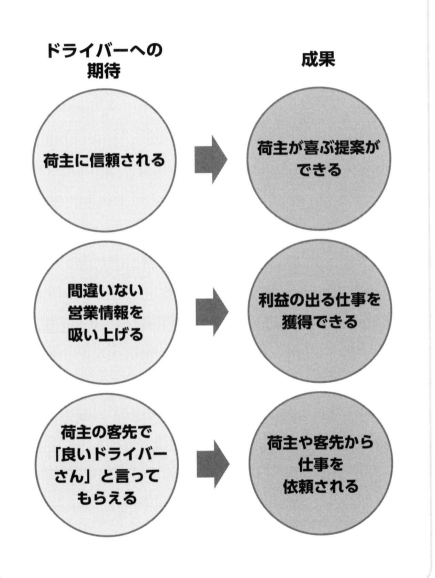

営業力のあるドライバーは名前で呼ばれる

個人名を覚えてもらえば頼ってもらえる

　荷主や客先とより良い人間関係を構築するためには、常日頃から話しかけられやすいスタンスを取るとよいでしょう。気持ちの良い笑顔や挨拶も大切ですが、まずは自分の名前を覚えてもらうのが最も近道です。

　トラックのキャビンやリヤドアにネームプレートを貼る、ヘルメットに大きめにフルネームで名札を貼るなど、名前をフルネームで覚えてもらう工夫をしましょう。

　長年にわたり、同じ荷主や客先に毎日のように出入りしているにもかかわらず、名前を覚えてもらえないドライバーがいます。「〇〇さん（個人名）」ではなく、「△△運送さん」と会社名で呼ばれるドライバーです。ひどい例だと、運送会社名すら覚えてもらえず、「うちの運送会社」と呼ばれ続けることもあります。

　どこに問題があるのでしょうか？　本人の資質が原因でしょうか？

　実は、本人の資質の問題ではないことがほとんどです。多くの場合、自分の名前を名乗っていないからなのです。

　なお、短期間で個人名を覚えてもらうためには、こちらも相手の名前をいち早く覚える必要があります。「××さん、おはようございます！」「××さん、そろそろ出発します」などと、名前をつけて挨拶することがコツです。

140

まずは、名前を覚えてもらうことが大切

好感度のある身だしなみ

人は見た目で判断される

よく「人は見かけに寄らない」とか、「人を外見で判断すべきではない」と言われます。しかし、残念ながら「荒っぽい」「乱暴」「怖い」「トラック野郎」といったマイナスイメージがまだまだ多いため、ドライバーは「見た目」で判断されてしまいがちです。

このようなマイナスのイメージを払拭するためにも、清潔感のある身だしなみを心がけましょう。身なりを整えるだけでも、従来のイメージが見直される十分なきっかけとなります。

身だしなみを整える目的は以下の3つです。

① ドライバーのイメージアップ
② 荷主の大切な資産を預かる責任感を示すため
③ 安全な運行業務を遂行するため

作業着のファスナーを開けたまま、客先の工場内で荷扱い作業をしているとき、機械に作業着が巻き込まれて、大ケガを負ってしまったケースもありました。

会社を出る際や、トイレに行った際などに自分の姿を確認してみましょう。幸い、トラックにはいくつもの鏡があります。トラックを降りる際などにも確認が可能です。常に、相手からの見られ方を意識するようにしましょう。

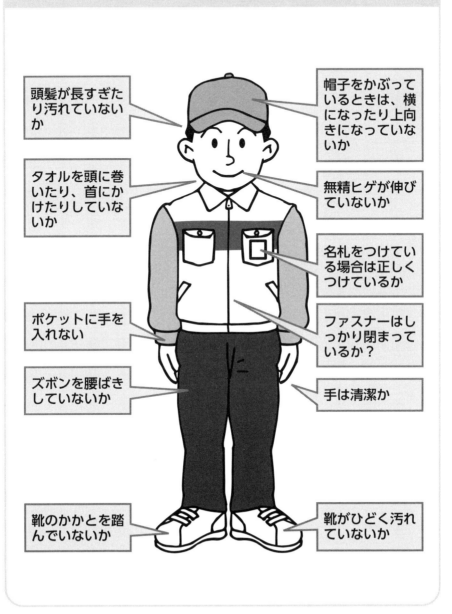

荷主への好印象の残し方

何よりも第一印象を大事にする

　人は第一印象を無意識のうちに重んじる傾向があります。第一印象が良くなかった場合、ドライバーの日頃の接客努力で好印象に変わっても、一度でも乱暴な運転や、自己中心的な運転態度を見てしまうと、「やっぱりあのドライバーは最初感じた通り、乱暴なところがある」と見られてしまいます。

　本当はまじめなのに、第一印象が良くなく、損をしているドライバーをしばしば見かけます。第一印象は意識することで変えられるものです。初めて行く荷主や客先では、いつも以上に礼儀正しい振る舞いを心がけましょう。

　以下は、第一印象を良くするちょっとした工夫例です。

①荷主に頭を下げられることがあれば、必ずそれ以上に深く頭を下げる
②荷主の構内では誰に会っても（知らない人でも）挨拶をする
③客先の悪口や愚痴を言わない
④ハキハキと返事をする

　第一印象が良いと、その後の信頼関係もつくりやすくなります。荷主は、悪い印象さえ持たれなければいざというとき、「味方」になってくれるものです。事故やミスを起こしてしまったときなど、荷主の対応も変わってきます。

第一印象を決める挨拶力

6章 プロドライバーの営業力

🚚 POINT!

感じの良い話し方のポイントは、
◆ 明るく話す
◆ 相手の顔を見て話す
◆ はっきりと話す

5 ドライバーの営業トーク

共通点があると、信頼度が増す

　ドライバーの生活を支えているのは、「安全運行の継続」と「仕事量を維持あるいは増やすこと」です。特に後者は、毎日荷主や客先で頻繁に接客をしている「営業マン」としての力量が大きく影響します。以下に、ドライバーのための営業トーク術をお伝えします。

① 「つながり」から引き出す話題づくり

　まずは「キーマン」を見極めるところからスタートです。なにも社長だけがキーマンとは限りません。「業者が来ると、いつもこの人を指名するな」など、常に出入りをしているからこその観察力で見極めます。

　キーマンに営業する場合、日頃の雑談の中から、あなたとの接点を見つけることからはじめましょう。「○○さんって釣りがお好きなんですね」など、趣味やスポーツ、出身地の話など、ちょっとした会話で十分です。

② 提案力

　キーマンと気軽に会話ができるようになったら、次は提案をします。これも大げさなことではなく、「パレット間の仕切りに使っている段ボール板は値段が高い割に１回しか使えないので、ベニヤ板に変えてはどうでしょう？」「たくさん材料を運んできましたけど、近々大きい輸送があるんですか？」「来週、東京への大型トラック運行を担当するんですけど、帰り荷がまだ決まっていないんです。何かありませんか？」など、キーマンの印象に残る提案ができると、実際の輸送につながることがあります。

ちょっとした会話から信頼はつくれる

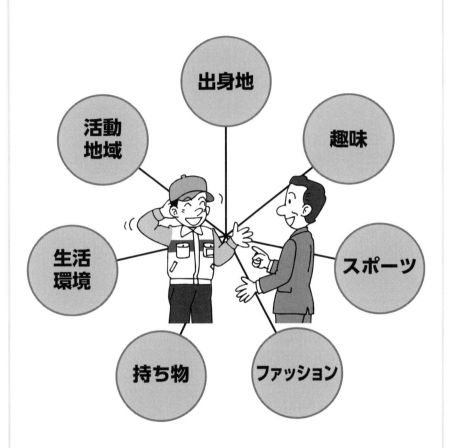

> 🚚 POINT!

営業経験がなくても大丈夫。まずは荷主・客先との「つながり」を見つけてみよう（ハラスメントの観点から、個人情報を聞き出すような話題は避けること）

6 荷主から求められる気配り力

ちょっとした行動の積み重ねが評価につながる

　ドライバーの主たる仕事は運送業務ですが、安全確実な運送を通じて、運賃を支払ってくれる荷主の満足度を高めるサービス業でもあります。

　私の会社では、荷台にほうきとちり取りとゴミ袋を常備させています。待ち時間があれば、まずは目につく大きなゴミを拾い上げ、ゴミ袋に入れて自社に持ち帰ります。荷主や客先のゴミ箱には捨てません。

　これには理由があります。落ちているゴミの多くが、運送の過程で発生するものが多いからです。使用済みの現品票、ビニールバンド、パレットの木屑、トラックの荷台の床材の削れ木片、時には壊れて使い物にならない木製パレットもあります。

　他にも、荷主先でできそうなことがあったら、ちょっとした気配りをしてみるとよいでしょう。例えば、

・手待ち時間に出荷場所の掃きそうじをする
・受領書を種類別に仕分けして、手渡しする
・空ケース置き場にケースを種類別に下ろす
・客先で積み残した通い箱などの数量を毎回メモする
・板パレットの選別（使えない、あるいは補修の必要なパレットを抜く）

　など、本当に些細なことで、時間や労力のかかることではないのです。こうした日々のさりげない気配りの積み重ねが、荷主や客先の信頼につながっていきます。

何気ない気配りとは

出荷場所の掃き
そうじをする

空箱を種類別に仕分けする

| a | a | a |
| a | a | a |

| b | b | b |
| b | b | b |

積み残した
通い箱の数を
メモする

受領書を仕分けする

A伝票

B伝票
B伝票
B伝票

C伝票
C伝票

使えない
板パレットの選別

6章
プロドライバーの営業力

🚚 **POINT!**

返事がいいだけのドライバーはいつか本性を見抜かれる。日々の地道な営業活動が実を結ぶ

COLUMN
女性ドライバーの活躍

　我が社には、「初代トラガール」として首相官邸を表敬訪問した、シングルマザーのKさんがいます。トラガールとは、「トラック＋ガール」の略で、「他産業に比べて女性比率が低い中、女性ドライバーを増やそう」という国土交通省の取り組みによって生まれた愛称です。

　Kさんはお客様からの評判の良い「気配り力」のあるドライバーです。「Kさんが朝、『おはようございます』と会社に入ってくると皆、朗らかな気分になるね。仕事も細かいところまで気配りができるドライバーだよ」と、荷主からの評判も上々です。

　運送業界で女性ドライバーが活躍できる理由がここにあります。ドライバーは安全な運行を確保するのが前提ではありますが、荷主からは接客力が求められる風潮が強まっているのです。Kさんは、「お客様の製品出荷のお手伝い全体が、私の仕事」と言っています。

　運送業界は「男の世界」というのは、もう古い考えかもしれません。我が社でも、4名の女性ドライバーが働いています。今後も、ますますたくさんの女性ドライバーが活躍することでしょう。

7章

プロドライバーの
トラブル対策

運行中に体調を崩したとき

万一に備えあらかじめできることはやっておく

　ドライバーの業務は24時間365日体制です。運行中に体調を崩すと、一般道であればコンビニやドラッグストア、病院などが見つかりますが、場所によっては対処または治療ができない事態にもなりかねません。

　体調が思わしくないときは、早めに自車の所在地を明確に把握し、事務所に連絡することが大切ですが、自分がどの辺りにいるのか正確な情報がないと対処が遅れ、万が一の事も起こりえます。

　あらかじめ、携帯電話のGPS機能をONにし、位置情報を検索できるように設定しておくことが重要です。また、車載充電器等を常備し、いざというときに充電切れという事態は避けましょう。

　高速道路上での体調不良時には、まずは<u>「何キロポスト」にいるかを把握</u>し、一番近い出口またはサービスエリアの位置を確認します。可能なら一定速度かつ最低速度を守って走行し（無理して、スピードを出さないこと）、やむを得ず道路上で車外に出る場合は、左にハンドルを切り、できる限り左端で、ハザードを点灯させてから車外に出ましょう。また、可能な限り、助手席側から降車します。左にハンドルを切るのは、万一追突されたとき、追い越し車線に車両が投げ出されないためです。

　降車後も、前方不注意の車両からの追突も起こりえますので、後方への注意は怠らないようにしましょう。

体調が崩れたときは無理をしないことが基本

〈よくある突然の体調不良〉

- ●激しい腹痛…胆嚢結石症や尿管結石の疑い等
- ●激しい頭痛…脳梗塞、くも膜下出血など
- ●激しい歯痛…虫歯など

眠気が取れないのも体調不良の一種

7章 プロドライバーのトラブル対策

2 運行中にカッとなったとき

感情に振り回されない心の保ち方

　よく「ドライバーはハンドルを握ると人が変わる」と言います。常に穏やかで安定した心で運行していれば、そう大きな事故には発展しないものですが、いつも平常心とはいきません。

　運転するのは、感情を持つ生身の人間です。カッとなったときには、意識して、以下のような対応をしましょう。

①アクセルから足を離す

②相手のドライバーの顔を見に行かない（乱暴な車両から極力離れる心がけ）。2車線の場合、追い越し車線から走行車線に移り、スピードを時速10km落とす

③お腹がすいているときにカッとしやすいので、口に何かを入れる

④自分の顔をルームミラーで見る

⑤安全な場所に停車し、一度エンジンを切る

⑥好きな人や家族、子どもの写真を見る

⑦同乗者がいるときは、会話をして気を落ち着かせる

　いずれも簡単に実践できるはずです。自分の心をコントロールすることは、コツをつかめばそれほど難しいことではありません。

　カッとなっても、結局自分が損するだけです。自分はプロドライバーだけど、相手はアマチュアなんだから仕方ないか……というくらい、大らかな気持ちになって考える余裕を持ちましょう。

安定した心で運転するために

〈運行中にカッとなったときの心の保ち方〉

- アクセルから足を離す
- 食べ物を口に入れる
- 自分の顔をルームミラーで見る
- 安全な場所に停車し、一度エンジンを切る

7章 プロドライバーのトラブル対策

🚚 POINT!

まずは、アクセルから足を離し、一度停止してエンジンを切ろう

天候不良のとき① 安全面

きちんと備えていれば、臨機応変に対応できる

カーブなどでのスリップ事故、下り坂での追突事故、上り坂で立ち往生により発生する事故などは天気によっても左右されます。強風のときは、横からの風に注意が必要です。脇をしっかりしめてハンドルを握り、十分な減速をします。片手運転は厳禁です。大雨のときは、スリップしやすいので、通常の1～2割減のスピードで走行します。

特に積雪や凍結の予報が出た際は早急に運行計画を変更するか、早めの出発をする、あるいはスタッドレスタイヤに履き替える、タイヤチェーンなどの装備を再確認した上で運行開始するなど、事前の準備と、迅速に状況に応じた判断・対応が必要です。

積雪を超えた「凍結」の際は、特に**橋を渡るとき**に注意が必要です。土の地温がない橋ゲタは凍結が進み、スリップしやすくなっていますので、スピードは半減以下に落とします。減速する際にハザードランプを灯火すれば、後続車からの追突を防止できます。

トラックのタイヤチェーンはハシゴ型のため、前に進むのに適している反面、横滑りしやすい欠点があります。このことを念頭に置き、①**ハンドルを切りながらブレーキをかけない**、②**カーブでは補助ブレーキを使って十分に減速する**など、「雪道用」の運転スキルが必要となります。

凍結した路面に新雪が積もるとさらに滑りやすくなります。その際はスタッドレスタイヤにチェーンを巻けば、万全です。

凍結シーズンのトラブル対処法

〈積雪・凍結時の対応〉
- □運行計画の変更
- □早めの出発
- □スタッドレスタイヤに履き替え
- □タイヤチェーンなどの装備の確認

7章 プロドライバーのトラブル対策

天候不良のとき②
営業面

台風や大雪のときほど定時到着にこだわる

　最近は、天候の異常時はいち早く「出勤停止」「避難勧告」「操業停止」の指示が出ます。それを軽視して普段通りの行動をすると、「責任問題」を問われることがあるため注意が必要ですが、すべてがこのケースに当てはまるわけではありません。

　台風も大雪も、天気予報である程度の予測ができるものです。にもかかわらず、「台風だから……」「積雪で……」と、当然のように到着遅延をしてはいけません。基本的には、天候不良をサービス低下の理由にしてはならないと考えます。

　例えば、台風で道路状況が乱れている日に往路100km、同じ製品を同じ条件で競合2社が運ぶとします。A社は荷主に連絡を入れつつ、1時間早く運行をスタートさせ、比較的混み合っていない一般道を選択し、いつもと同じ時間に納品が完了しました。

　B社はいつも通りの時間、ルートで輸送し、A社に比べ3時間の遅延でした。当然、客先からはA社に高い評価が与えられます。イレギュラーのときこそ、通常と差のないサービスをしようとする意識が最大のサービスなのです。

　納品先に到着したら、荷主に状況を報告しましょう。荷主はその場にいないので、状況がわかりません。「客先の製造ラインが停まる寸前である」などの情報を荷主に伝えると、より信頼感を高めることができます。

5 クレームやミスが発生したとき

対応次第でマイナスがプラスに変わる！

誰も好んでミスを犯すわけでも、クレームをつけられたいわけでもありません。言い訳がしたくなるような状況もあるかもしれませんが、言い訳よりもマイナスをプラスに変えるアクションを考えたほうが得策です。

①まずは、認める

荷主に迷惑をかけたことには変わりないわけですから、言い訳ではなく、まずは真っ先に謝罪すべきです。

②バツの悪いことこそ素早く報告する

客先ではなく、荷主の担当者に一報を入れます（所属会社のルールによってはまず上司に入れるべきときもある）。

③事実だけを伝えることが大事

5W1H（いつ、誰が、どこで、なぜ、何を、どのように）を伝えます。憶測や希望的観測を一切入れないことが重要です。
「多分、受け取ってもらえそうなんですけど（製品の転倒事故）」「相手はそんなに怒ってないみたいです（遅延クレーム）」「それほど大きなケガではないと思うのですが（納品中に相手をケガさせた）」といった憶測は、結果的にそれ以上の被害があったとき、信用を失墜させるだけです。

④できないものはできない

開き直りではなく、ミスを潔く認めた上で、事実と違うこと、自分の責任ではないことはしっかりと否定すべきです。

クレームやミスをチャンスに変える

7章 プロドライバーのトラブル対策

6 事故を起こしたとき①

人命救助の次に必要なことは、写真を撮ること

　荷物事故、交通事故（特に人身事故）を引き起こしてしまうと、一瞬パニックになり、冷静さを欠いてしまいがちです。しかし、まずは人命救助、状況の把握、通報等を適切に行ないましょう（右ページ参照）。

　二次的な事故を防ぐため、非常信号用具（発炎筒）をたくなどの処置も重要です。

　事故処理の次のアクションとしては、現場の撮影をすることです。

　最近は、ほとんどの人がカメラ付きの携帯電話を持っていると思います。**画像を残しておくことは、重要なアクションとなります。後で自分の身を助けることにつながる**かもしれないからです。

　特に意識して撮影してほしいのが、相手の車両とナンバープレートです。携帯電話の写真は時間も記録されるので、証拠としても有効です。

　路上で他の車両に接触された際、警察に通報している間に相手（加害者）に逃げられてしまった……という事例もよくあります。

　また、事故発生後に焦点となるのが「目撃者の有無」です。事故発生直後はなかなか冷静な判断ができないケースが多いのですが、結果的に被害者が死亡してしまったり、重度の障害者となってしまった場合、事故の経緯を振り返る必要が出てきます。その際に目撃者が特定できるかできないかで大きく状況が変わってきます（裁判になった場合などは目撃者の証言が争点となってきます）。

事故発生時にやるべきこと

1	119番に通報（救急が警察に通報してくれる） ケガ人の状態を知らせる
2	落ち着いて、事故現場の場所を的確に伝える（交差点名または住所） 人身事故の場合は、止血法や動かしていいか等の応急処置法について助言を受け、速やかに人命救助実施
3	二次的な事故防止のため、非常信号用具（発炎筒）または停止表示器材を点灯させる
4	相手車両のナンバープレートを携帯カメラで撮影する
5	車検証を確認する ①車検切れの車両ではないか？ ②運転者と所有者、使用者の関係 ③損害保険会社名
6	相手の連絡先（できる限り携帯電話）を聞く 相手が名刺を持っていれば名刺を預かる
7	可能であれば、一筆を取る （例：「赤信号の交差点に進入し、事故を起こしました」）
8	事故加害者の氏名、現住所、日付、時間、事故発生場所、連絡先、所属（身分など）を記録する

🚚 POINT!

焦らずに確実な対応することで、事後処理がスムーズになる

事故を起こしたとき②

動揺する心はなるべく抑えるようにする

　事故を起こして心が折れないドライバーはいないと思います。特に、被害者が出てしまうような大きな事故を起こしてしまったときは、なおさら気が動転するものです。

　事故の対処が一段落し、事故現場を離れると、現実的な問題が出はじめます。被害者が死亡、または重傷、車両が大破、廃車になる。荷主や客先に大きな迷惑をかけたことを知る、仲間や家族に心配かけたことを知る……などです。

　一生の心の傷にしないためにも、被害者に自らの意思で謝罪の電話を入れる（本人でなくても家族でもいい）ことが大切です。この時点では、面会は避けるのが得策です。

　つらい気持ちを抑えてでも、心を込めて、基本的には**事故後3日以降7日以内**に電話でお詫びをしましょう。事故直後は被害者も冷静さを欠いており、逆効果になる可能性があるため避けるべきです。また、遅すぎても被害者の気持ちを逆なでします。

　電話では、①**はっきりと会社名・氏名を先に言う**、②**「このたびは大変申し訳ありませんでした」**と謝意を述べる、③**言い訳は絶対にしない**（弁護士や損害保険会社に任せている場合は、事故の詳細については触れずに「お任せしています」と言う）ことを忘れないでください。プロドライバーのマインドを持って、誠意ある対応をしましょう。

事故を起こした後の対応方法

まずは事故の対処

自分自身の心のケア

1. 言い訳してもはじまらない
   ➡ 素直になる
2. 人に当たっても仕方がない
   ➡ 冷静に
3. 心の健康を保つ
   ➡ 深く考えすぎない

事故を報告するとき
体裁をつくろうような隠ぺいは絶対しない

　事故を起こした際、プロの自覚があればこそ、非常にバツが悪いものです。しかし、起きてしまった事故はもみ消すことはできません。むしろ、つくろえばつくろうほど事態は悪い方向にいくものです。

　例えば、トラックの荷台の上で製品を転倒させてしまい、「荷台の上だから問題ないだろう」と、ドライバーの勝手な解釈で積み直して納品してしまったとします。**安易な判断は、後に大きな問題に発展していくことがあります。**

　運悪く、製品を転倒させ納品するまでの様子を第三者に見られていて荷主や客先に通報されると、事実確認の照会がきます。その時点で、転倒させた事実をドライバーが仮に正直に認めても、時すでに遅しです。

　まずは、これまでも同様のことがあったのではないか？　などと疑われるだけでなく、転倒させた製品はもちろん、他の積載製品もすべて異常品として処理されることもあります。同僚も巻き込み、会社全体の信用を失うことになり、大きな損害を被ることになりかねません。

　こうなってしまってからでは遅いのです。製品を転倒させたとき、すぐに拾いあげたい気持ちを抑え、判断ができる担当者を呼んで現状を見てもらえれば、多くの問題が解決します。

　荷物の破損や器物破損、自損事故、伝票や書類の汚損などは、勇気を持って、速やかにその場で報告をしましょう。

ミスや事故が発生した場合、ありのままを見てもらう

7章 プロドライバーのトラブル対策

🚚 POINT!

ミスや事故の隠ぺいは、ドライバーのこれまでの実績が否定されるだけではなく、会社の信頼も失ってしまいかねない。その後の対応が非常に大事になってくる

高速道路走行時のトラブル

二次的な事故に注意しながら対応しよう

　高速道路での三大トラブルは、①パンク、②ガス欠、③バッテリー上がりです。どのトラブル時も、まずは可能な限り車両を路肩に寄せ、ハンドルを左に切った状態で停車させ、道路交通法で義務付けられている非常信号用具などを設置します。

①パンク（タイヤのバースト）

　自分でタイヤ交換を試みず、道路緊急ダイヤル（9910番）に携帯電話、または1kmおきに設置されている非常電話で通報します。非常電話に向かう際は必ずガードレールの内側を移動します。

②ガス欠

　①と同様に通報します。ガス欠の場合は道路交通法で高速自動車国道等運転者遵守事項違反（3カ月以下の懲役もしくは5万円以下の反則金）を受ける可能性があります。とは言え、最寄りのサービスエリアで買い求める行為は避けましょう。なぜなら、一度ガス欠を起こしたディーゼルエンジンはエア抜きをしなくてはならないケースが多く、給油をしただけでは復旧できず、給油作業中に事故に巻き込まれるおそれがあるからです。

③バッテリー上がり

　すべての電力消費を停めて（ハザードランプ点灯を除く）、3分間、時間を置いてから再度エンジンキーを回してください。わずかな可能性ではありますが、エンジンが始動する場合があります。

高速道路走行時のトラブル予防

①タイヤパンク（バースト）

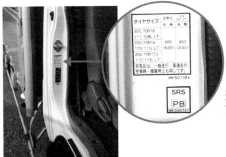

運転席のドアを開いた側面にある「空気圧表示」に基づき、正しい空気圧を保持

適正な空気圧の保持
タイヤのサイズによって適正な空気圧は異なる。週に一度程度、空気圧計で点検しよう

②ガス欠
季節（夏場のエアコン多用時）や、予測不能な渋滞などによって、燃料の消耗が早まることがある。燃費の20％程度の誤差は想定して、早めの給油を行なおう

③バッテリー上がり
バッテリー液の補充を忘れずに（バッテリーは2～3年が寿命）。入れすぎも爆発事故の原因になる

> 🚚 **POINT!**
>
> ◆ バッテリーの購入日付を本体側面に明示しておくとよい
> ◆ 長期休車（GW、夏期・冬期休暇）後にバッテリー上がりが多発するので、少し早めに出勤して点検しよう

10 接触してミラーが壊れたとき

初級者は手鏡とガムテープを用意する

　トラックに乗りはじめて一番苦労するのが、車両の長さ以上に車幅感覚ではないでしょうか？　運転席のある右側はサイドの窓を開け顔を出して確認ができますが、右に気を取られるほど左側には注意が向きにくく、接触事故を起こしてしまうことが初級者ドライバー特有の傾向です。

　中でも、前方から迫って来る対向車に気を取られ、左に寄りすぎてしまった結果、左のミラーを電柱や標識などに接触させてしまうケースが多く見られます。

　その際に、完全にミラーが脱落、またはミラーが割れて、後方を確認することができなくなる事態がしばしば発生します。

　左のミラーがないのは致命的です。なぜかと言うと、左折と左車線への進路変更ができなくなるからです。右ミラーがなくても窓から顔を出して目視確認できますが、左側は助手でもいない限り、不可能です。

　そのときのために手鏡とガムテープが役立ちます（100円ショップでも購入できます）。ステーさえ残っていれば、右図のようにステーに手鏡をガムテープでくくりつけて使います。これでかろうじて、左後方の確認はできるようになります。（ただし、整備不良状態のままであることを認識）

　なお、強くおすすめはできませんが、手鏡すらないという状況のときは、応急処置的に前方の死角を補うため、アンダーミラーを左ミラーの代わりに角度を変えて使うことも可能です。

170

ミラーを破損させてしまったときの応急処置

POINT!

ミラーを破損させてしまったときは、手鏡とガムテープで応急処置できる(ただし、整備不良状態のままであることを認識)

7章 プロドライバーのトラブル対策

11 テレコ配達を してしまったとき

新人時代によくあるミスのスマートな対処法

配達するときに最も注意しなくてはならないのが、「テレコ配達」です。テレコ配達とは、例えば、1件目の四谷商事に商品Aを、2件目の新宿商事に商品Bを配達するのが正しいのにもかかわらず、商品AとBを逆に配達してしまうミスのことです。以下に、その対処法を説明します。

①気づいた時点で1件目、2件目それぞれに電話をします。

- **誤った商品を届けてしまったこと**
- **再配達にすぐに向かうこと**
- **商品を開梱、開封をせずにお待ちいただくこと**

②会社に電話をし、運行経路の変更の許可をもらいます。

③早い時間に配達した1件目に正しい商品Aを届けるのが、先決になります。手持ちの商品Aが荷台にある場合は、荷主から許される範囲で、その搭載されている商品Aを届けます。

まずは謝罪をして、誤って配達した商品Bを引き上げます。このとき、梱包や包装が破損していないか、入念にチェックしてください。

④次に2件目に、1件目で配達すべきであった商品Aを5ケース回収しなくてはなりません。時間もかなり経過しているはずなので、1件目を出る時点で、2件目の担当者に一本電話を入れるべきです。

⑤2件目に到着したら、まずは正しい商品Bを納品します。「大変お待たせし、ご迷惑をおかけしました」と深く謝罪の意を伝えてください。

正しい輸送とは

正しい輸送

| 1件目 四谷商事 | 商品A |
| 2件目 新宿商事 | 商品B |

間違った輸送

| 誤 商品B | 1件目 四谷商事 |
| 誤 商品A | 2件目 新宿商事 |

誤配送の5大ロス

❶ 客先の業務が止まるロス
❷ 信用ロス
❸ 配達時間ロス
❹ 費やした手間のロス
❺ 燃料のロス

商品A届	3件目 四谷商事 (2回目)
誤 商品B回収	
誤 商品A回収	4件目 新宿商事 (2回目)
商品B	

🚚 **POINT!**

伝票もテレコに渡している可能性もあるので、よく確認しよう

7章

プロドライバーのトラブル対策

COLUMN

待ち時間が長く、納期に間に合わなそうなとき

　荷主は客先への納期を気にしつつも、品質上の精査や数量の差異を発生させないように出荷作業に慎重になっています。しかし、実際に最も大事な最終工程である「お届け輸送」を軽視されてしまいます。なぜなら、いくら良い商品、正しい数量が出荷できても「安全、迅速、納期通り」に商品が到着しなければ受け取ってもらえないことさえあるからです。

　最後のしわ寄せがドライバーに集まることは絶対に避けたいものです。そこで、荷主にこのようにアプローチしてみましょう。

「道路状況を仲間のドライバーに確認しましたが、**あと40分以内**に出発すれば何とか間に合わせることができそうです。もしそれ以上遅くなるようなら、**念のため**客先に事前の連絡をお願いします」

　と、具体的に時間を提示するのがポイントです。時には、会社に連絡し、運行管理者または配車係から折衝してもらいます。

　それでも荷物が揃わないときには、最終的に、以下のようにお願いすることもあるでしょう。

「到着のご希望の時間に安全に到着させるには、15分以内には出発しなくては間に合いません。私はプロドライバーとして安全と法令遵守は疎かにはできませんので、ご理解ください」

プロドライバーの 2024年問題対応力

ルールを守る マインド強化

「物流の2024年問題」に適応するための強いマインド

2024年4月からトラックドライバーの働き方に大きな影響を与える改善基準告示が適用されました（時間外労働の960時間上限規制など）。深刻なドライバー不足の中、これまで通りモノが運べなくなる可能性が懸念されますが、運ばなければならない物量は大きく変わりません。この**物流の2024年問題**を解決するために、プロドライバーとして必要なのが、荷待ち時間・待機時間の削減、作業削減など労働環境の改善、リードタイムの延長など、会社や荷主と連携しながら**労働時間を短縮するスキル**です。

そして、その土台となるのが**規則やルールを守る強いマインド**です。規則やルールを省くことで起きてしまった事故やミスの事後処理や、謝罪や特別教育の実施などに時間を取られ、さらに新たなルールが追加され、逆に労働時間が増えてしまいます。

ドライバーは、①ルールの意義を知ること、②そのうえで理解を深め、③十分納得することが重要です。また、ルールの必要性を理解・納得しても、守っていない人がいることを知るとつい省略しようとしてしまいますが、④自分は守るということ、そして、⑤行政処分などのペナルティがあるということを意識しましょう。誰も見ていないところでは弱いマインドが芽生えてしまうものですが、プロドライバーとして、定められた規則やルールを手抜きすることなく実施していくことが事故やミスの削減につながり、最善の労働時間短縮となることを認識しましょう。

※参照：全日本トラック協会「知っていますか？ 物流の2024年問題」https://jta.or.jp/logistics2024-lp/

ルールに対する考え方

事故・ミスを防ぐマインド強化

①ルールの意義を**知る**

②ルールについて**理解**する

③ルールについて**納得**する

④他の人が守っていなくても**自分は**守る

⑤**行政処分**があることを意識する

POINT!

ルールに対する姿勢はプロドライバーの真価の見せ所。

8章 プロドライバーの2024年問題対応力

作業の標準化スキル
安全を最優先しながら生産性を上げる

　労働時間短縮の実現のため、さまざまな作業の「**標準化**」が求められています。個人差が出やすい作業のひとつが荷の積み下ろしです。これは、作業時間が早ければいいとは限りません。荷扱いが雑だったり、危険な作業方法だったり、作業手順が不合理だったりするからです。

　荷の積み下ろし作業を標準化する訓練として、サイコロを用いる方法があります。まず、同じ大きさのサイコロ12個を準備します。12個とも同じ方向で、1段4個×3段を安全かつ効率的に積み上げるようにします。
①サイコロの「3」の目が上になるように揃える（サイコロの他の目だと、②以降で並べる方向を決めづらいため）。
②「3」の目を同じ方向に（「6」目が手前に来るように）整列させる。
③1段目の4つを正方形になるように並べる。同様に、2段目、3段目も正方形になるように並べる。
④1段目の正方形に、2段目の方向を確認しながら両手で挟み込むように持ち上げ、積み上げる。きれいに重なるように気をつける。
⑤3段目も同様に積み上げる。ここでミスをすると、再び積み上げるロスが発生するので要注意。例えば、1個または2個に分けて積み上げることを標準作業とする。

　①〜⑤は単純な例ですが、正解はいくつもあると思います。重要なのは、皆で意見を出しながら作業標準を決めることです。

荷の積み下ろし作業の標準化の訓練

①「3」の目を上に揃える

②「6」の目を手前に向けて揃える

③サイコロを4つ正方形に

④ まずは2段積みに

⑤最後に3段積みに

🚚 POINT!

手積み・手下ろしの場合、フォークやクレーン等の機械を使用する場合など、さまざまなケースに応用が効く。時間を測りながら、皆で標準化スキルをアップしよう。

8章 プロドライバーの2024年問題対応力

労働時間短縮のためのスキルアップ

物流の2024年問題に適応するために必要な訓練

　衝突軽減ブレーキや自動運転機能など最新機器が日々進化し、実用化が進んでいますが、人はどうしてもミスをするものです。一方、機器も誤作動や故障をするので、完璧ではありません。ドライバーは機器を過大評価せず、頼りすぎないことが重要です。

　例えば、アンチロック・ブレーキ・システム（ABS）は車輌のブレーキ制御機構のひとつで、急ブレーキ時など車輌の安定性を確保する目的で装備されています。急ブレーキをかけ、ブレーキを強く踏み続けて初めて威力が発揮される機器なので、人間であるドライバーが急ブレーキという動作をしなくてはなりません。

　誰でも容易に急ブレーキを踏み込めるわけではないので、衝突などの事故を防ぐためには、日頃の訓練が大事です。ところが、労働時間短縮が求められる中、これまで行なわれていた教育訓練の機会を縮小される傾向にあります。これからは、横乗り（添乗）教育を中心としたOJT（On-the-Job Training：職場内訓練）が強化され、教えるスキルを持ったプロドライバーが求められていくでしょう。

　右ページで紹介しているのは、短時間で高い効果が得られる「**体験型教育訓練**」のひとつで、上記のABS対策にもなる急ブレーキ体験講習会です。体験型教育訓練は、時間短縮が求められるドライバーが保有すべきスキルを効率的に身につけるために有効な方法です。

急ブレーキ体験講習会の例

 体験1　プラケースに一切固縛しないと、ブレーキングする。

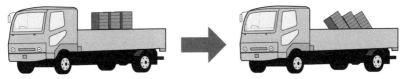

固縛せずに荷台中央部に載せた　　　軽いブレーキングでも荷崩れ

> 教訓　たとえ短距離であっても固縛は省かない。
> やむを得ず固縛しない場合は、せめて荷台前側に積む。

固縛せずに荷台前側に積む

 体験2　荷台の中央部に荷を積むと安定した走行が可能。
その分、しっかりと固縛するも速度を上げると荷崩れを起こす。

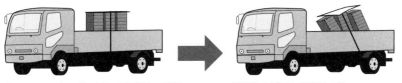

プラケースの上にボードを1枚載せて固縛　　　速度を上げると荷崩れする

> 教訓　速度により必要な固縛方法は異なる。
> 上部にラップを巻くだけで荷崩れを防げる。

荷の上部にラップを巻くだけでも荷崩れしづらくなる

他社ドライバーとの連携スキル

中継輸送で求められるスキルアップ

2024年4月に向けて、いくつかの法的な規制が緩和され、他社の車両を所属外のドライバーが運行しても違法行為ではなくなり、積み替えせずにドライバーを交代させながら**中継輸送**することが可能となりました。

しかしながら、他社の車両を運転しなくてはならない精神的な抵抗感や企業文化の違いから生じるコンフリクト（衝突）、意思疎通の困難さ、求められてきたスキルの違いなどの問題があります。

その要因のひとつが、トラックのキャビンがプライベート空間になってしまっている点です。ハンドルに個人の好みのカバーを装着したり、寝台は生活感まで漂わせ、家族の写真やお守りまで見受けられるとなると、そのまま他社のドライバーに運転させられる状況ではなくなるのです。

最も問題なのが、連携のスキルの差です。例えば、他者が行なった荷の固縛では責任が取れないからと、荷締め機など日頃使い慣れたものでないと納得できないドライバーがいます。よく言うと、職人気質です。自分で積んで、自分が使い慣れた荷締め機で、自分が納得する固縛方法で運びたい、安心して急ブレーキがかけられる精神的な余裕を持ちたいという思いもわかりますが、こだわりすぎてしまうと連携が取れません。

ドライバーが保有すべきスキルとして、安全・不安全を適切に判断する力があります。安全確認のポイント、ドライバー同士の情報交換ポイント、漏れのない伝達事項の確認など、要点を絞った判断力が必要です。

ナルキュウグループの中継輸送事例

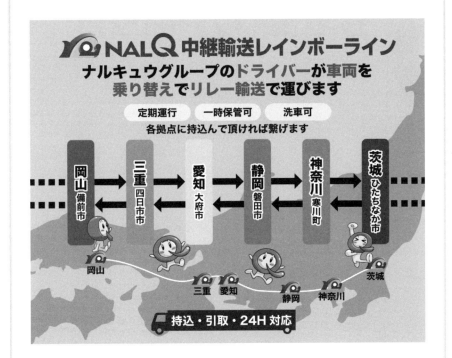

中継輸送成功への課題

① ドライバーの心理的負担の解消(他社の車両や他者のハンドルを扱いたくない)

② 荷の積み下ろしや積み替え時の荷扱いノウハウ伝授方法、責任範囲の取り決め

③ 他社ドライバーとの情報交換や運行管理上の課題解消

荷主からの要求の引き受け方・断り方

賃金アップにつながるマインドとモラル

　ドライバーにとっては、上司である自社の配車担当者以上に重要な存在ともなるのが荷主担当者です。特に、ライバル運送事業者が複数出入りする場では、荷主担当者との信頼関係構築に神経を擦り減らしているドライバーも少なくないでしょう。

　荷主担当者はいかにして作業効率を上げるかが最重要課題で、複数社の運送事業者を競わせながら、運賃値上げをけん制し、日々の物流の円滑化を目論みます。運送事業者は出先でのサービスが主であるため、荷主担当者はこれまで、契約にない「附帯サービス（肉体労働サービス、時間的サービスなど）」を無償で受けられることを期待してきました。しかし、2024年4月、労働時間規制が決まった以上、ドライバーは勝手に依頼を請けず、有料の附帯サービスに変えていくことが必要になってきます。

　運送事業者は、荷主責任者に対して、できれば書面で「無料の附帯サービスをドライバーに直接依頼することを遠慮願う」ことを事前に申し合わせておき、ドライバーが荷主からの無償サービスの依頼を断るような体制をつくりましょう。そして、ドライバー一人ひとりが無駄のない作業を心がけ、自社を選んでもらえるようにスキルアップしていきましょう。**荷主からも指名され、同僚ドライバーからも尊敬される稼げるドライバー**になるためには、安全提供サービスや気遣いサービスができ、高いパフォーマンスを生み出すスキルが必要なのです。

付帯料金を得るサービスか、優位的な立場を得るサービスか

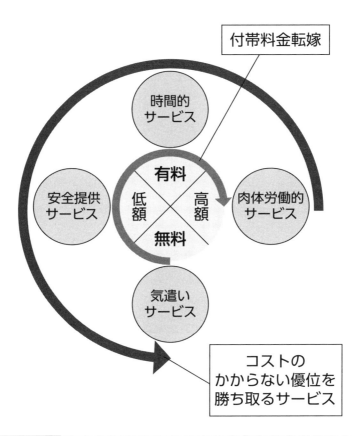

🚚 POINT!

トラックドライバーは荷主担当者から無料のサービスを引き受けるべきではない。これまでは労働時間規制が明確になかったために「それくらいなら」と請けてきたサービスも、これからは明確に「会社と話してください」と発言しよう。

COLUMN

30年上がらない運賃

　私の会社にも30年前から「上がらない運賃」のままの運行があります。世界的に名の知れた企業の運行です。10年前に運賃値上げを試みた結果、月極めから日極めに変更となり、単価は上がれども日数を減らされ、結局は運賃値下げという結果に……。そのトラウマから、強気な交渉ができずにここまで来てしまいました。

　その運賃水準を例えて言うと、100円ショップが商品を常時60円くらいで売り場に出しているくらいのイメージです。それでも続けているのは、創業から70年続いている取引であること、看板荷主との取引継続という銀行対策、新車を当てがって間もないためドライバー受けの良い運行といった理由があります。

　しかし、現在は物流の改革期です。この状況で運賃が上がらなければ「撤退」を決断するべきという流れがあります。今、潮目を能動的に変えなければ、50年経っても変わらない運賃を覚悟しなくてはならないとも思います。

　今後は、こうした経営判断にも、ドライバーの協力が不可欠となっていきます。荷主にとって、なくてはならない存在価値があると見出してもらう必要があるのです。荷主への適正価格の提案も、物流の2024年問題のひとつだと考えています。

これだけは
知っておきたい
プロドライバーの
基礎知識

車両の区分と免許

区分	大型免許	中型免許	準中型免許	普通免許	現行の道路交通法	平成19年改正前の道路交通法
大型自動車	○				車両重量11 t 以上 最大積載量6.5 t 以上 乗車定員30人以上	旧区分の「大型自動車」車両総重量8 t 以上・最大積載量5 t 以上・乗車定員11人以上
中型自動車	○	○			車両重量8 t 以上11 t 未満 最大積載量5 t 以上6.5 t 未満 乗車定員11人以上30人以下	
中型自動車	○	○ (8 t 限定)			車両重量7.5 t 以上8 t 未満 最大積載量4.5 t 以上5 t 未満 乗車定員10人以下	旧区分の「普通自動車」車両総重量8 t 未満・最大積載量5 t 未満・乗車定員10人以下
準中型自動車	○	○	○ (新設)		車両重量5 t 以上7.5 t 未満 最大積載量3 t 以上4.5 t 未満 乗車定員10人以下	
準中型自動車	○	○	○ (普通免許5 t 限定)		車両重量3.5 t 以上5 t 未満 最大積載量2 t 以上3 t 未満 乗車定員10人以下	平成29年3月11日までに普通免許を取得された方
普通自動車	○	○	○	○	車両重量3.5 t 未満 最大積載量2 t 未満 乗車定員10人以下	平成29年3月12日以降に免許を取得される方（普通免許か準中型免許を選択）
その他の区分					大型特殊自動車・大型自動二輪車・普通自動二輪車・小型特殊自動車	

◎車両によって必要な免許証が違う。誤って免許資格のない車両を運転操作しないように注意（無免許運転となります）

◎「準中型免許」の新設により、中型免許を取得していないと運転することができなかった車両が運転できるようになりました。免許取得後1年未満の方でも準中型免許が取得できます。ただし、免許取得後1年未満の方は準中型自動車を運転する場合は、初心者マークを表示しなくてはなりません

運転時間と休息時間

運転時間	最大運転時間は2日平均で9時間以内。 1週間の運転時間は2週間ごとの平均で44時間が限度（連続運転時間は4時間を超えない）
拘束時間	1日については13時間だが、**最大16時間**（上限15時間。14時間超は週2回までが目安） ※1日の拘束時間を満たしているかは、始業開始から起算して24時間以内でチェック
休息期間	継続1時間以上与えるよう努めることを基本とし、9時間を下回らない ※2人乗務については、1日の最大拘束時間を20時間まで延長可 ※隔日勤務は2暦日における拘束時間は21時間を超えてはならず、勤務終了後、継続20時間以上の休息時間が必要 ※フェリー乗船の場合は、原則休息時間となる

（例）実運行時間24時間を要する長距離運送をする場合の運行スケジュール

↓ ここが最大の拘束時間

| 0 1 2 3 4 5 6 7 8 9 10 11 12 13 14 15 16 17 18 19 20 21 22 23 24 |

| 運行4時間 | 運行4時間 | 運行4時間 | 運行2.5時間 | 休憩時間8時間 |

ここまでで14.5時間が終了 →

| 0 1 2 3 4 5 6 7 8 9 10 11 12 13 14 15 16 17 18 19 20 21 22 23 24 |

| 運行4時間 | 運行4時間 | 運行1.5時間 |

← トータル35時間で終了

※このパターンの運行は1週間に2回しか行なうことができない
※運転時間が2日間で平均9時間を超えないように注意（または、2週間の平均で44時間以内）

トラックの名称1

◎**平ボデー**

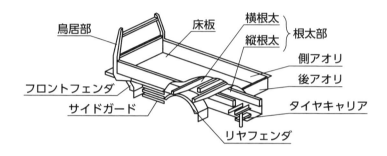

◎**ウイングボデー**

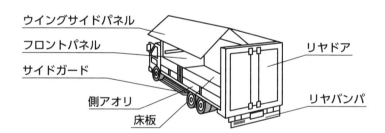

トラックの名称2

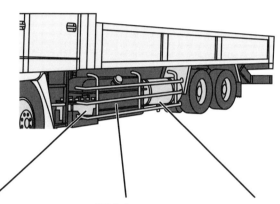

バッテリー
24V（12Vを2つ直列でつないである）充電する際は、12V車（乗用車）とは絶対につなげない。＋極と－極を逆につなげないなどの注意が必要

燃料タンク
通常はタンク1個200〜300ℓの容量満タンの90％程度の給油にとどめると坂道駐停車時に漏れ出さない

エアタンク
エアタンクの中にたまり水がないかをドレンコックレバーを下に引いてチェックする。凍結時期は溜まり水が凍るとブレーキが効かなくなるなどの弊害も出る

荷締め機の種類

ベルト荷締機（ラッシングベルト）

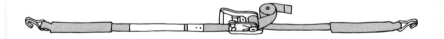

用途 傷をつけられない荷物の荷締めに最適。ワイヤーほどの結束（荷締め）力はない。レバーの操作で簡単に荷締めができる

ワイヤー荷締機　　　チェーンブロック

用途 重量物を荷締めし、荷台に固定するのに最適。右のチェーンブロックに比べ、安価で扱いやすいが、締めつけ力はチェーンブロックには劣る

ロープを使った荷締めの方法

◎万力(まんりき)

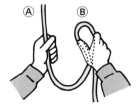

Ⓐは荷物にかかっているロープ。Ⓑを右手でつかむ（位置は胸のやや下辺り）

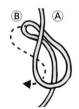

ⒷをⒶの下に入れ、ⒶでⒷを巻く

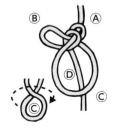

Ⓒをひねる

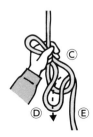

ⒹをⒸの輪に通し、荷台のロープフックにかける

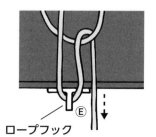

ロープフック

Ⓔを両手で握り、手の力ではなく、自分の体重をかけて直下（垂直方向）に腰を落とすのがコツ

荷物の積み重ね方

（奇数段）（偶数段）
ブロック積み

数量を数えやすいが、荷崩れしやすい積み方。軽量のケースの場合は、最適。縦積みのまま下ろせるのが利点

（奇数段）（偶数段）
交互列積み

荷崩れし難い積み方。形、重量共に均等な場合は数段積みも可能。ただし、荷下ろしは1個づつ下ろさなくてはならず、非効率

（奇数段）（偶数段）
れんが積み

正方形のパレットに積み上げる際に最適な積み方。荷崩れもしづらい

（奇数段）（偶数段）
ピンホイール積み

パレット積みに適する。中央に空間があり、荷崩れしにくい積み方。形、重量共に均等な場合は数段積みも可能

（奇数段）（偶数段）
スプリット積み

長方形のパレットに積み上げる際に最適な積み方。荷崩れしやすいので、高く積み上げるのは避けたい

パレットの種類

単面形二方差し

最も簡易なパレット。単品かつ左右、上下のバランスが均等な荷物でないと容易に転倒するので、フォークリフト作業には不向き。仮置き用に最適

片面使用形二方差し

最も利用度が高い。リフト作業に向く。底板の破損しているものは使用厳禁

両面使用形二方差し

両面使用できるため、耐久性に優れている。反面、パレットの自重が重く、人力で運ぶには不向き

単面形四方差し

四方向からフォークが刺せる簡易なパレット。狭い場所での移動に最適

片面使用形四方差し

四方向からフォークが刺せる汎用性に優れ、利用度が非常に高い。リフト作業に向く。底板の破損しているものは使用厳禁

両面使用形四方差し

4方向からフォークが刺せる汎用性に優れ、利用度が非常に高い。リフト作業に向く。底板の破損しているものは使用厳禁

パレットの種類

固定式積み重ね可

四方向からフォークが刺せる。積み重ねができ、重量物にも対応する万能型。自重の重さと空でもかさばる点がデメリット

固定式積み重ね不可

汎用性に優れ、利用度が非常に高い。不揃いのケースものをまとめて運ぶのに最適。扉開閉時の荷崩れに注意が必要

折りたたみ積み重ね不可

空の際に折りたたみができ、効率的。反面、連結金具が破損し易く、重量物を入れ、積み重ねた場合に大破、荷崩れを起こし、重大労災事故になるリスクが大きいので、基本的には積み重ねは不可。重量物の運搬に向く

主な荷扱い指示マーク（JIS規格）

壊れもの

包装貨物の中身は壊れやすい。そのため、注意して取り扱わなければならない

上

包装貨物の正しい上向き位置を示す

重心位置

包装貨物が１つのユニットとして取り扱われるときの重心位置を示す

上積み質量制限

包装貨物上に許容しうる積重ね質量を示す

取り扱い注意

包装貨物に衝撃を与えないよう、丁寧に取り扱うことを示す

■規格番号 JIS Z 0150:2001
■標題 包装—包装貨物の荷扱い指示マーク

大型自動車の標識

大型貨物自働車等通行止め

大型貨物自動車と特定中型貨物自動車と大型特殊自動車は通行ができない
(罰則1点減点)

特定種類の車両の通行区分

大型貨物自動車と特定中型貨物自動車と大型特殊自動車は、左から1番目の車両通行帯を通行しなければならない
(罰則1点減点)

総重量限度緩和指定道路

総重量が20tを超える車両が通行できる道路であることを示す

運転スキル・チェックカルテ

チェック項目	具体項目	内　　容	○・×
挨拶	運行開始の挨拶	荷主・荷受人へ	
乗車〜発進	乗車の方法	ドア・ロック・シートベルト	
	運転姿勢	背もたれ・ハンドル位置・シートの前後	
	エンジン始動	ギヤ確認・クラッチ・ハンドル手放し	
	安全確認	左後方、左側方・前方・右後方、右側方	
	発進合図	3秒後の発進・振り出し（左後方）確認	
一時停止	停止位置	停止線オーバー・急ブレーキ	
	発進安全確認	左後方、側方・前方（左右）・右後方、側方	
左折	左折安全確認	巻き込み確認（左後方、左側方（上・下））	
		振り出し（右後方）	
	速度	徐行	
シフトチェンジ	ギア選択	回転数が高い・回転数が低い	
	クラッチ	つなぎが急・半クラッチ	
バック	進入路（車庫）	進入路の確認・進入角度・速度	
	合図	出さない・遅い	
	安全確認	窓を開けない（音）・左後方・右後方・目視	
	停止位置	側方距離　　　cm・後方距離　　　cm・接触	
	発進	左後方・右後方・前方・シートベルト	
見通しの悪い交差点	歩行者、軽車両優先	速度・ハンドル・急ブレーキ	
右折	右折安全確認	巻き込み確認（右後方、右側方）	
		振り出し	
	速度	徐行	
	軌道	大回り・小回り	
砂利道	速度	砂埃り	
停車	停車位置	左　離れ・オーバー　　　　前面　離れ・オーバー	
	停車措置	駐車ブレーキ・ハンドル・ギア・クラッチ→ブレーキ	
	エンジン停止	ハンドル手放し	
	シートベルト	外し方	
	降車	ドア・安全確認（後方）	
挨拶	降車時	しない	
		○…できている　　×…できていない　　合　　計	

199

＜参考文献＞

・『事業用トラックドライバー研修テキスト1　トラックドライバーの心構え』（社団法人 全日本トラック協会）

・『事業用トラックドライバー研修テキスト3　道路・車種に応じた運転』（社団法人 全日本トラック協会）

・『事業用トラックの点検整備ハンドブック』（社団法人 全日本トラック協会）

・『指導実践マニュアル＜運行管理者テキスト＞』（社団法人 全日本トラック協会）

・『THE MASTER OF YOUR DRIVING　プロマインドを育てる大型／中型教本』（中部日本自動車学校）

・『物流マン必須ポケットブック』（鈴木邦成・著、日刊工業新聞社）

・『SUPERGREAT取扱説明書』（三菱ふそうトラック・バス株式会社）

おわりに

　本書をお読みいただき、「今まで間違ったやり方をしていたな」「正しい方法を知らなかったのがミスや事故の原因だったんだ」などの気づきがあったドライバーは、「荷主に信頼される」プロドライバーに一歩も二歩も近づいたと確信してよいでしょう。

　一度間違った知識やスキルを身につけてしまうと、簡単には修正することができません。しかし、安心してください。正しいことが何かを頭で理解することができれば、徐々に行動も変わってきます。

　本書で学んだ「正しいやり方」をよく理解し、すぐに実践してみることです。3章で述べたように、右折で交差点の中心を直角に曲がる感覚でハンドル操作をしてみてください。きっとアマチュアとプロの違いを実感できるはずです。

　私は日頃から、ドライバーの力量をトラックに追走してはかっています。自社のトラック、他社のトラック分け隔てなく見てきましたが、ドライバーのスキル面、マインド面、マナー・モラル面のすべては、トラックの後ろ姿に出ます。

　携帯を触っていればブレーキ回数が多くなり、運転に集中できていなければ振らつき、焦っていれば進路変更が増える。私はこういったトラックからは極力離れて走るようにしています。

　逆に安心して追走できるトラックは、合図（ウインカー）を早めに出す、減速や加速が滑らか、右左折時の「寄り」がしっかりできる、黄色信号を「止まれ」とする運転をしています。

プロドライバーを目指すためには、「手を抜こう」とか「ラクをしよう」とか「早く終わらせてしまおう」といった横着な心を完全に排除することが必要です。絶対に基本をおろそかにしないでください。そして、わからないことは躊躇せず、聞いてください。

　今後、プロドライバーの存在価値は確実に高まっていきます。単純にドライバー不足だからというだけではありません。スキル、マインド、マナー・モラルを合わせ持ったプロドライバーを、世の中全体が求めているからです。

　私は、真のプロドライバーを1人でも多く育て上げ、世の中に輩出したい、ドライバーの力量をはかる資格を認定したいとの思いから、2014年5月に一般社団法人 日本トラックドライバー育成機構（現プロドラ育成サポート）を発足しました。

「はじめに」で全国トラックドライバー・コンテスト優勝の話をしましたが、その他にも、まったくの未経験者が、失敗も重ねながらも、しっかり基本を身につけ、全国トラックドライバー・コンテストで国土交通大臣賞を受賞する選手にまで成長したドライバーもいます。そのようなプロドライバー育成の経験が、本書のノウハウを発信するきっかけとなりました。

　専任の教育担当者もいない、事故発生後のフォロー教育まで行き届かない中小零細運送会社（運送事業者の99％が中小企業）に所属するドライバーに役立ててもらい、プロドライバーへの一歩を踏み出していただければ幸いです。

酒井　誠

- プロドライバーになりたいが、何を勉強すればいいかがわからない
- 自分の実力を試したい　・資格を取得したい
- 所属会社に出張ドライバー教育、認定講座に来てほしい

[未経験ドライバーをプロドライバーに
短期間で育成する認定機関]

お問い合わせ　TEL 0562-85-6645 または メール pro-dora@jtdo.jp

一般社団法人
プロドラ育成サポート
URL　http://www.jtdo.jp

【トレーニングセンター愛知】
〒474-0001　愛知県大府市北崎町島原28番1
TEL　0562-85-6645
FAX　0562-45-5088

著者略歴

酒井 誠（さかい まこと）

株式会社ナルキュウホールディングス・株式会社ナルキュウ東部・株式会社ナルキュウ中部 代表取締役、一般社団法人プロドラ育成サポート 代表理事
1964年生まれ。関西大学大学院社会安全学部卒業。3年間の大手物流会社勤務の後、28歳で従業員10名、年商6,000万円の鳴海急送合資会社の三代目に就任。企業価値をいかに高めるかを主眼に置き、新会社を設立、のちに分社化をし、リスクと資本の分散化に成功。非同族ながら社長に就任し、30年で全国6拠点（愛知、神奈川、静岡、三重、岡山、茨城）、売上25倍150名の従業員の物流企業グループを作り上げた。2013年、第45回全国トラックドライバー・コンテストの4t部門で社員が全国1位を獲得、官邸で安倍元首相に表彰される。2014年、一般社団法人プロドライバー育成機構（現・プロドラ育成サポート）を立ち上げ、優良ドライバーの育成にも努めている。著書に『小さな運送・物流会社のための「プロドライバー」を育てる3つのルール』『小さな運送・物流会社のための「プロドライバー」採用・定着5つのルール』『小さな運送・物流会社のための業績アップし続ける3つのしくみ』（同文舘出版）など。

【講演等のご依頼】 Mail　m.sakai@narukyu.com

■株式会社ナルキュウホールディングス
TEL　052-990-3723　　FAX　052-875-9970
URL　https://narukyu.com/

■一般社団法人 プロドラ育成サポート
URL　https://www.jtdo.jp/

最新版　小さな運送・物流会社のための
荷主から信頼される！「プロドライバー」の教科書

2024年9月26日　初版発行

著　　者 ── 酒井 誠

発行者 ── 中島豊彦

発行所 ── 同文舘出版株式会社

　　　　　　東京都千代田区神田神保町1-41　〒101-0051
　　　　　　電話　営業 03（3294）1801　編集 03（3294）1802
　　　　　　振替 00100-8-42935
　　　　　　https://www.dobunkan.co.jp/

©M. Sakai　　　　　　　　　　　ISBN978-4-495-52912-3
印刷／製本：萩原印刷　　　　　　Printed in Japan 2024

JCOPY ＜出版者著作権管理機構 委託出版物＞

本書の無断複製は著作権法上での例外を除き禁じられています。複製される場合は、そのつど事前に、出版者著作権管理機構（電話 03-5244-5088、FAX 03-5244-5089、e-mail: info@jcopy.or.jp）の許諾を得てください。

仕事・生き方・情報を　サポートするシリーズ

あなたのやる気に1冊の自己投資！

小さな運送・物流会社のための
「プロドライバー」を育てる3つのルール

酒井　誠 著／定価1,760円（税込）

業績アップの秘訣は、ドライバー育成にあり！ 人材採用から新人教育、セールスドライバー育成、評価方法、給与システムまで、荷主の満足度を高める採用・育成ノウハウを、小さな運送会社を全国6拠点100名超の物流企業グループへ成長させた著者が公開

小さな運送・物流会社のための
業績アップし続ける3つのしくみ

酒井　誠 著／定価1,760円（税込）

ドライバーが本気で働く組織をつくる！ ドライバー気質を生かし、安全・顧客満足アップに取り組む3つのしくみを、全国トラックドライバー・コンテスト優勝者輩出の中小運送会社社長が公開。人材不足の中、勝ち残る運送・物流会社になるための経営ノウハウが満載

小さな運送・物流会社のための
「プロドライバー」採用・定着5つのルール

酒井　誠 著／定価1,760円（税込）

中小企業の強みを活かして、ドライバー職の魅力をアピールすれば、いい人材を獲得し、育成し、定着させることができる！ 人手不足が常態化する中、従業員100名の運送会社が実際に成果を上げた"できるドライバーが辞めない"工夫としかけを事例と共に紹介

同文舘出版